Breedijk • Nauta • Rau

Hochbegabte Jugendliche

Die Autorinnen

Janneke Breedijk unterrichtete in den Niederlanden »Plus-Klassen« mit hochbegabten Schülern. Sie betreut talentierte Schüler, ihre Eltern und bietet Aus- und Weiterbildungen für Lehrer an. Auch entwirft sie Programme zur Talententwicklung. Sie lebt in Pijnacker. Weitere Informationen unter: www.pluskids.nl.

Noks Nauta erforscht als Ärztin und Psychologin seit vielen Jahren das Phänomen Hochbegabung bei Erwachsenen und hat zahlreiche Bücher dazu veröffentlicht. Im In- und Ausland gibt sie Workshops für Pädagogen, Psychologen und Ärzte. Sie lebt in Delft. Weitere Informationen unter: www.noksnauta.nl.

Julia Rau arbeitet als Coach und Beraterin in den Bereichen Hochbegabung, Hochsensibilität sowie Laufbahn- und Karrierecoaching. Ende 2014 führte sie eine Studie zum Alltag von Hochbegabten durch, an der 1400 Personen teilnahmen. Sie lebt in Köln. Weitere Informationen unter: www.julia-rau.de.

Janneke Breedijk, Noks Nauta, Julia Rau

Extrem beschenkt und sehr sensibel

Hochbegabte Jugendliche – wie sie ticken, was sie brauchen

Aus dem Niederländischen von Susanne Bittner

Die im Buch veröffentlichten Ratschläge wurden mit größter Sorgfalt und nach bestem Wissen von den Autorinnen erarbeitet und geprüft. Eine Garantie kann jedoch weder vom Verlag noch von den Verfasserinnen übernommen werden. Trotz sorgfältiger inhaltlicher Kontrolle können wir auch für den Inhalt externer Links keine Haftung übernehmen. Für den Inhalt der verlinkten Seiten sind ausschließlich deren Betreiber verantwortlich. Die Haftung der Autorinnen bzw. des Verlages und seiner Beauftragten für Personen-, Sach- oder Vermögensschäden ist ausgeschlossen.

Dieses Buch ist erhältlich als:
ISBN 978-3-407-86511-3 Print
ISBN 978-3-407-86518-2 E-Book (EPUB)

1. Auflage 2018

Lektorat: Ulrike Ebenritter
Umschlaggestaltung: www.stefanielevers.de (Gestaltung), www.stephanengelke.de (Beratung)
Umschlagabbildung: ©Bonningstudio/stocksy.com, ©Jose Luis Pelaez Inc/Getty Images, ©Image Source/Getty Images

Layout: Antje Birkholz
Satz: Oliver Schmitt
Druck und Bindung: Beltz Grafische Betriebe, Bad Langensalza
Printed in Germany

Weitere Informationen zu unseren Autoren und Titeln finden Sie unter: www.beltz.de

Inhalt

Hochbegabung ist mehr als der IQ

Hochbegabte Jugendliche haben in vielen Bereichen dieselben Themen und Herausforderungen, die sie beschäftigen und mit denen sie zu kämpfen haben, wie andere, normalbegabte Gleichaltrige auch. Und so werden Sie in diesem Buch in den Geschichten auch von Problemen lesen, die nicht nur Hochbegabte betreffen.* Der Unterschied liegt in der Häufigkeit, in der das beschriebene Verhalten und die typischen Konfliktsituationen vorkommen. Meist vereinen sich viele der Schwierigkeiten bei einem Hochbegabten und vor allem mit einer besonderen Intensität.

Ausnahmetalente kämpfen mehr als durchschnittlich begabte Jugendliche mit existenziellen Fragen: Wer bin ich? Wohin gehöre ich? Was ist mein Beitrag zur Gesellschaft? Wie kann ich meine Talente und Fähigkeiten positiv einsetzen? Wie werde ich die Person, die ich sein möchte? Wie reagiere ich auf fremde Erwartungen, die oft unpassend oder unrealistisch sind? Und wie gehe ich mit meinen eigenen Erwartungen an andere um, die auch nicht immer passen?

In unserer Arbeit mit hochbegabten Jugendlichen begegnen uns die schwierigen Dilemmas und inneren Konflikte, mit denen sie ringen. Einerseits fühlen sie häufig noch wie Kinder, andererseits sind sie in ihrem Denken und Verhalten bereits fast erwachsen. So geraten sie leicht in Krisen, bei den Eltern und Lehrer ihnen

---

* Aus Gründen der Lesbarkeit verwenden wir in diesem Buch meist die männliche Form, wenn von hochbegabten jungen Menschen sowie von Lehrerinnen und Lehrern die Rede ist. Gemeint sind stets Personen beiderlei Geschlechts.

schwer helfen können. Darum haben wir in diesem Buch unser Wissen und unsere Erfahrungen vereint.

Wir stellen verschiedene Lebenswege vor, die zeigen, wie hochbegabte Jugendliche mit besonderen Situationen und Konflikten umgehen und diese nutzen, um den individuell passenden Weg ins Erwachsensein zu finden. Gleichzeitig stellen wir bewährte Strategien zur Unterstützung vor und geben Tipps und Inspiration für die Jugendlichen und ihr Umfeld.

Oft werden wir nach dem Nutzen von IQ-Tests gefragt: Ist ein Test als »Beweis« für Hochbegabung tatsächlich notwendig? Wir können dazu keine allgemeingültige Antwort geben, denn alle hochbegabten Jugendlichen sind unterschiedlich. Ein IQ-Test ist lediglich einer von mehreren Bausteinen, aus dem sich das Gesamtbild von Hochbegabung zusammensetzt. Hochbegabung ist viel mehr als der Intelligenzquotient. Für den Begriff »Hochbegabung« gibt es keine wissenschaftlich anerkannte Definition, daher sprechen wir von »Merkmalen von Hochbegabung«. Im ersten Kapitel finden Sie ein Modell der verschiedenen Charakteristika.

Hochbegabungsdiagnostik ist komplex und sollte von einer Person durchgeführt werden, die darauf spezialisiert ist. Weiterführende Informationen hierzu sowie eine Datenbank bundesweiter Experten bieten der »Expertenkreis Hochbegabung/Potentiale« (www.die-hochbegabung.de) und das »Karg Fachportal Hochbegabung« (www.fachportal-hochbegabung.de).

Darüber hinaus gibt es verschiedene Organisationen, die umfassende Informationen anbieten: Die »Deutsche Gesellschaft für das hochbegabte Kind e. V.« (www.dghk.de) ist ein bundesweit tätiger gemeinnütziger Verein, in dem sich Eltern, Pädagogen, Psychologen und andere Interessierte ehrenamtlich für die Förderung von hochbegabten Kindern und Jugendlichen einsetzen. Eine wichtige Anlaufstelle ist auch »Mensa« (www.mensa.de), ein weltweiter Verein für hochbegabte Menschen, der es sich zur

Aufgabe gemacht hat, hochintelligente Menschen miteinander zu vernetzen. Weltweit hat »Mensa« über 133.000 Mitglieder aller Alters- und Bevölkerungsgruppen, in Deutschland sind es mehr als 13.000. Daneben bietet das bereits erwähnte »Karg Fachportal Hochbegabung« Rat und Hilfe rund um das Thema Hochbegabung. Im Lauf des Buches lernen Sie noch weitere Organisationen und Beratungsstellen sowie Fachleute kennen, die darauf spezialisiert sind, Hochbegabung zu diagnostizieren und die Entwicklung von Kindern und Jugendlichen zu begleiten. Die Links im Anhang bieten Ihnen eine erste Orientierung.

Im deutschen Schulsystem gibt es derzeit vor allem drei Fördermaßnahmen für Hochbegabte: die Akzeleration (beschleunigtes Lernen), das Enrichment (angereichertes Lernen) und eine Kombination aus Akzeleration und Enrichment. Akzelerationsmaßnahmen ermöglichen ein rasches Durchlaufen der Schulzeit und umfassen eine vorzeitige Einschulung, die Möglichkeiten der flexiblen Schuleingangsstufe, das Überspringen einer Klassenstufe und Teilunterricht in höheren Klassen. Enrichment stellt ergänzende und erweiternde Lernangebote zur Verfügung. Dies können individuelle Aufgabenstellungen oder schulische Fördermaßnahmen sein. Das Kind bleibt hierbei größtenteils in seiner Altersgruppe und wird differenziert gefördert. Beispiele für Enrichment-Maßnahmen sind Arbeitsgemeinschaften, Pull-out-Programme, zusätzliche Kurse, Schülerwettbewerbe, Kurse an Universitäten, Austausch- oder Ferienprogramme. Eine Kombination von Akzeleration und Enrichment findet man zum Beispiel in Spezialklassen (Hochbegabtenklassen, in denen hochbegabte und besonders begabte Schüler gemeinsam unterrichtet werden) und Spezialschulen (Hochbegabtenschulen oder Privatschulen).

Inwieweit die genannten Fördermaßnahmen angeboten und durchgeführt werden, hängt zum einen stark vom Engagement und Fachwissen der Lehrkräfte ab, aber auch von den jeweiligen Möglichkeiten der einzelnen Schule. Den Eltern hochbegabter Kinder und Jugendlicher ist daher zu raten, sich genau über die ins Auge gefasste Schule zu informieren.

Jedoch sollte nicht vergessen werden, dass sich auch im normalen Schulsystem und ohne Extraförderung viele hochbegabte Kinder und Jugendliche gut zurechtfinden. Hochbegabt zu sein bedeutet nicht zwangsläufig, einen außergewöhnlichen Weg gehen zu müssen.

Dieses Buch beruht auf unserer langjährigen Erfahrung mit jugendlichen Ausnahmetalenten. Viele haben wir zur Zeit der Pubertät kennengelernt und sie auf dem Weg in ihre erwachsene Zukunft unterstützt und begleitet.

Janneke Breedijk ist Pädagogin und gründete 2004 in den Niederlanden eine Enrichment-Klasse mit mehr als 300 hochbegabten Schülern aus verschiedenen Schulen. 2007 rief sie die Organisation Pluskids (www.pluskids.nl) ins Leben. Von 2012 bis 2016 beriet sie das niederländische staatliche »Excellency & Giftedness«-Programm zur Verbesserung der Chancen hochbegabter Schüler.

Noks Nauta studierte Medizin und beschäftigt sich seit 2000 mit der Arbeitsumgebung hochbegabter Erwachsener. In Workshops unterstützt sie Hochbegabte in Karrierefragen und berät Personaler, Psychologen und Ärzte. 2010 war sie Mitbegründerin einer Stiftung für hochbegabte Erwachsene (www.ihbv.nl) und hat seither zahlreiche Ratgeber, Fachbücher und Aufsätze zum Thema Hochbegabung und Arbeit veröffentlicht.

Julia Rau ist als Coach und Beraterin auf die Themen Hochbegabung und Hochsensibilität spezialisiert. Hierzu bietet sie auch Fortbildungen und Vorträge an. 2014 führte sie eine umfassende Studie zum Alltag von hochbegabten Erwachsenen durch, an der 1400 Personen teilnahmen. Ein weiterer Schwerpunkt ihrer Arbeit liegt in der Begleitung von Menschen in beruflichen Veränderungssituationen im Rahmen von Karriere- und Laufbahnberatung.

1. »Das finde ich echt ungerecht!«

Anton ist jetzt 14 Jahre alt und geht in die 9. Klasse des Gymnasiums. Er ist noch nie dahingehend getestet worden, aber seine Mutter, die selbst hochbegabt ist, erkennt bei ihm viele Anzeichen von Hochbegabung. Meistens geht er recht gern zur Schule, er hat dort auch ein paar gute Freunde. Manchmal fühlt er sich etwas einsam, weil er merkt, dass er anders denkt als die meisten Gleichaltrigen. Anton ist ein engagierter Junge, der schon als Kind lebhaft Anteil am Weltgeschehen nahm. Als er sieben Jahre alt war, weigerte er sich, an einer Faschingsfeier in der Schule teilzunehmen: Er hatte in den Nachrichten Bilder von einem Krieg in einem fernen Land gesehen. Wie konnte man feiern, wenn anderswo Krieg herrschte? Antons Mutter unterstützte ihn, weil sie sah, dass es ihm wirklich ernst war, und erklärte der Lehrkraft den Grund für Antons Verhalten. Diese wunderte sich sehr.

Anton kann es schlecht ertragen, wenn er Ungerechtigkeiten sieht. Wird ein Mitschüler zu Unrecht bestraft oder unfair behandelt, kämpft er für eine gerechte Behandlung. Wenn in seiner eigenen Klassenarbeit eine Antwort als falsch angerechnet wird, während er sich sicher ist, dass sie richtig ist, wehrt er sich ebenso nachdrücklich.

Antons Mutter ist da genauso gestrickt: Antons Schwester Rosa hatte einmal eine Fünf in Biologie, weil eine Antwort, die Rosa richtig beantwortet hatte, als falsch angestrichen war. Daraufhin rief ihre Mutter selbst den Biologielehrer an – mit Erfolg: Die Note wurde berichtigt.

Anton ist ein guter Schüler und hat meistens gute Zensuren. Nur Aufgaben, bei denen er mit anderen zusammenarbeiten muss, fallen ihm ziemlich schwer. Dabei ist er zur Gruppenarbeit durchaus in der Lage. Er merkt aber sofort, dass andere Schüler nicht immer genauso viel Einsatz zeigen wie er. Wenn andere Schüler in der Arbeitsgruppe ihre Arbeit nicht oder, wie Anton findet, nicht gut genug erledigen, steht er vor einem Dilemma: Soll er noch einmal nacharbeiten, womit er die anderen bloßstellt, oder soll er lieber nicht eingreifen, dann bekommt die ganze Gruppe eine schlechtere Note, als zumindest Anton selbst die eigentlich verdient hätte. Das bereitet ihm wirklich Kopfzerbrechen.

WAS IST GERECHT?

Die Ethik ist ein Teilgebiet der Philosophie, in dem man sich auf die Fragestellung konzentriert, welche Handlungsweise gut ist.

(Moralische) Werte können als Ideale gesehen werden, die angestrebt werden. Beispiele für solche Werte sind Freiheit, Gerechtigkeit, Liebe. Diese Werte spielen eine wichtige Rolle für die Art, wie wir miteinander umgehen und wie wir unsere Gesellschaft gestalten.

Sie tragen zum Gemeinschaftsgefühl und zum Gefühl der Zusammengehörigkeit bei. Werte sind »Wegweiser« bei Entscheidungen, Aufgaben oder Begegnungen.

Ausgehend von diesen Werten geben wir uns selbst bestimmte Normen oder Regeln. Diese formulieren wir als etwas, das man darf oder eben nicht darf: Du sollst nicht stehlen, du sollst nicht töten, du sollst nicht lügen usw. Wenn diese Regeln dann festgeschrieben werden, entstehen Gesetze.

Ohne bestimmte Normen oder Regeln, an die sich alle zu halten haben, würde es gerade in neu entstehenden Gesellschaften drunter und drüber gehen.

Einer der wichtigsten Werte in unserer Gesellschaft ist die Gerechtigkeit.

Nur zwei Beispiele dafür, was Schüler als gerecht empfinden:

~ eine Strafe bekommen, wenn man etwas angestellt hat, was verboten ist,

~ eine gute Note bekommen, wenn man etwas sehr gut gemacht hat.

Das bedeutet auch, dass es für ungerecht gehalten wird, wenn man bestraft wird, obwohl man gar nichts Verbotenes getan hat, oder eine schlechte Note zu bekommen, wenn etwas sehr gut gemacht wurde.

Es gibt also immer eine Art »Norm«, ein Kriterium.

Bei Gerechtigkeit geht es immer darum, dass Menschen in derselben (oder einer vergleichbaren) Situation dieselbe (oder eine vergleichbare) Behandlung erhalten.

Auch Tugenden können als eine Art von Werten gesehen werden. Unter Tugenden werden positive menschliche Eigenschaften, wie z. B. Treue, Fürsorglichkeit usw. verstanden. Näheres zu dem Thema findet sich in dem »Großen Tugend-Buch« (Popov, 1997; 2014).

Auch im Internet gibt es Tests, mit denen man seine persönlichen Werte entdecken kann: www.zollondz-kommunikation.de/messbares-wertemanagement/gratis-wertetest

Zu viel Gerechtigkeitsgefühl?

Wenn Anton sieht, dass ein anderer Schüler für etwas zur Rechenschaft gezogen wird, was er gar nicht getan hat, findet er das ungerecht. Das zugrunde liegende Prinzip lautet: »Jemand darf nur für etwas zur Rechenschaft gezogen oder bestraft werden, wenn er dies auch tatsächlich getan hat.« Wenn das nicht zutrifft, ist die Strafe nicht gerecht: Jemandem geschieht ein Unrecht.

Bei Gruppenarbeiten ist es immer möglich, dass man als Gruppe und somit auch jeder einzelne Schüler eine niedrigere Note bekommen kann, auch wenn man vielleicht eine höhere Note verdient hätte, wenn man allein gearbeitet hätte. Das kannst du ungerecht finden. Es mag ungerecht erscheinen, aber andererseits: Die Note der Gruppe ist immer ein Durchschnitt. Es wäre gut, wenn die Lehrer das den Schülern einsichtig machen könnten.

Für einen Lehrer ist es manchmal gar nicht so leicht, gerechte Entscheidungen zu treffen, schließlich sind alle Schüler unterschiedlich. Und wir wissen auch, dass alle Schüler unterschiedlich lernen. Keiner gleicht dem anderen, aber alle sind gleichwertig. Wenn ein Schüler nicht so intelligent ist, aber unglaublich hart arbeitet, darf das dann nie mit einer guten Note belohnt werden? Diese Frage stellt sich den Lehrkräften ebenso wie die, warum, unter welchen Bedingungen und bei welchen Aufgaben es besser ist, zusammenzuarbeiten als allein. Wir wissen, dass die Zusammenarbeit zu besseren Ergebnissen führen kann. Sie kann auch effizienter sein, sowohl für die Schüler als auch für die Lehrer, und es kann einfach mehr Spaß machen, zusammen an einem Auftrag zu arbeiten. Es bedarf aber einiger Voraussetzungen, damit die Zusammenarbeit von Schülern gut verlaufen kann. Folgendes sollte gut vorbereitet und geklärt sein:

~ die Kriterien, die das Endprodukt erfüllen muss;
~ Rahmenbedingungen: Zeit, Platz und (digitale) Mittel, Betreuung durch die Lehrkraft;
~ das gemeinsame Ziel, eine klare Verteilung von Aufgaben und Verantwortung, Vereinbarungen über die Prozessüberwachung;
~ dem Beitrag jedes Einzelnen sollte Respekt entgegengebracht werden, indem jeder jedem gut zuhört;
~ nach Abschluss des Projekts: eine ausführliche Besprechung und Bewertung.

Anton hält es für ungerecht, ein Fest zu feiern, wenn anderswo Krieg herrscht. Er glaubt, dass er nicht das Recht hat, zu feiern, wenn es anderen Menschen schlecht geht. Das hat also mit einem Vergleich mit anderen Menschen zu tun. »Alle haben das Recht zu feiern«, geht ihm dabei durch den Kopf. »Wenn die Menschen dort das nicht können, darf ich das auch nicht.«

An und für sich ist ein gut entwickeltes Gerechtigkeitsgefühl sehr wichtig. Manchmal kann man dadurch aber auch in verzwickte Situationen geraten. Vielleicht wundert sich Antons Lehrkraft, dass er nicht mitfeiern will, oder erwartet, dass ihn seine Mitschüler deswegen hänseln und ausgrenzen. Vielleicht ist es auch so, dass Anton sehr oft für andere eintritt und seine Lehrer sagen: »Achte doch einmal weniger auf die anderen, die können doch auch für sich selbst sprechen.« Und wie werden sie reagieren, wenn Anton sagt, dass er keine Gruppenarbeiten mehr machen möchte?

In allen diesen Situationen kann sein Gerechtigkeitsgefühl für ihn zu einer erheblichen Belastung werden. Es kann Freundschaften und das gute Verhältnis zu seinen Lehrern beeinträchtigen. Wenn es sein ganzes Leben beherrscht, wird er immer mehr zum Eigenbrötler, mit dem niemand mehr etwas zu tun haben will.

Die Kernqualitäten des Menschen

Daniel Ofman (2005; 2009) hat ein Modell entworfen, das davon ausgeht, dass alle Menschen Kernqualitäten besitzen. Oft werden diese erst dann erkannt, wenn jemand diese Qualität »übertreibt« oder anderen mit seinem vielleicht etwas übertriebenen Verhalten auf die Nerven geht.

Bei Ofmans Modell geht es um den Zusammenhang von Kernqualitäten, Fallen, Herausforderungen und Allergien:

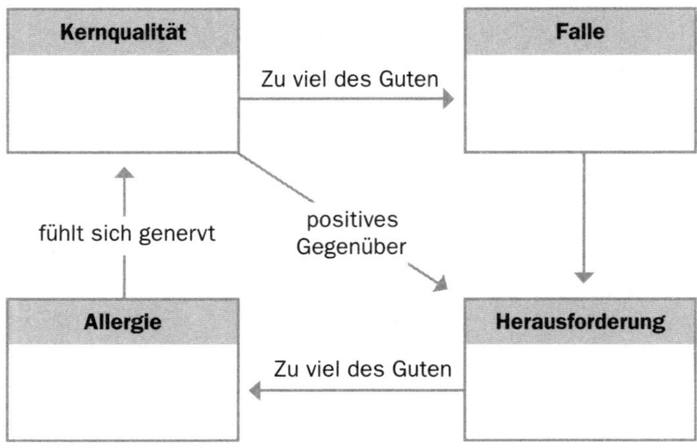

Wenden wir dieses Modell auf Anton und seine Begeisterung an, sieht dieses Bild dann so aus:

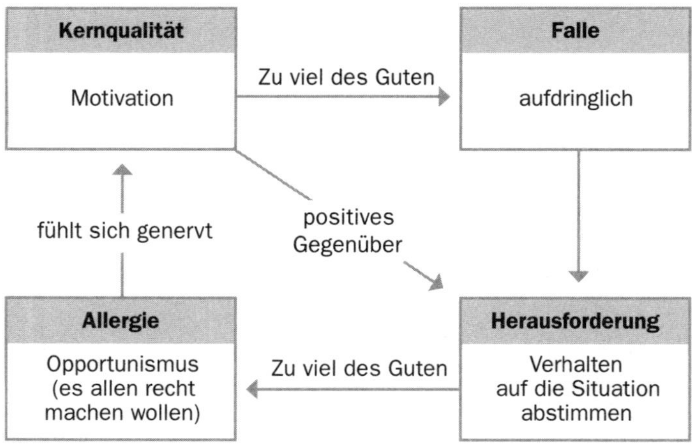

In diesem Modell sehen wir, dass Antons Einsatz an und für sich eine fantastische Kernqualität ist. Wenn er es jedoch übertreibt, wirkt er auf andere aufdringlich. Die Herausforderung für ihn besteht darin, sein Engagement besser auf die Situation abzustimmen, also situationsgerecht anzuwenden. Dies kann jedoch auch in Opportunismus ausarten, und genau darauf reagiert Anton bei anderen Menschen allergisch.

So kann auch daran, worauf man »allergisch« reagiert, erkannt werden, wo die eigene Kernqualität liegt. Reagiert man beispielsweise allergisch auf Menschen, die über andere tratschen, so ist die Kernqualität wahrscheinlich »Respekt für andere«. Reagiert jemand allergisch auf Menschen, die immer nur ans Geld denken, so ist die Kernqualität, dass seiner Meinung nach das Geld im eigenen Leben und bei den eigenen Entscheidungen nicht die wichtigste Rolle spielt.

Im Internet können verschiedene Seiten über das Modell der Kernqualitäten gefunden werden.

Wenn wir uns Antons Verhalten ausgehend vom Kernquadrat anschauen, sehen wir, dass »Begeisterung« zu Antons Kernqualitäten gehört. Manchmal, beispielsweise wenn er gestresst ist, kann dies aber auch aufdringlich wirken.

Anton hatte schon als kleines Kind ein starkes Gerechtigkeitsgefühl. Wie verhält es sich denn nun mit derartigen Gefühlen für Ethik und für Werte und andere moralische Fragen? Hat man die schon als Kind?

MORALISCHE ENTWICKLUNG

Ein Kind besitzt kein angeborenes Gefühl für Ethik. Dieses Gefühl entwickelt sich im Laufe der Zeit, auch durch den Einfluss der Umgebung (Eltern, Schule, Freunde).

Entwicklungspsychologe Lawrence Kohlberg (Kohlberg, 1996) hat Untersuchungen an Jungen unterschiedlicher Altersgruppen durchgeführt und ihnen dabei bestimmte Entscheidungen vorgelegt. Anschließend erkannte und beschrieb er anhand der Art, wie diese Kinder Entscheidungen trafen, Strukturen. So kam Kohlberg zu einer Gliederung in 6 Stufen der Moralentwicklung:

Phase 1: Die Macht entscheidet, was gut ist. Es geht nur um Gehorsam und Strafe. Die Eltern bestimmen, was du tun musst, oder die Lehrkraft in der Schule. Strafe und Gehorsamkeit sind die Themen.

Phase 2: Eine Hand wäscht die andere: Es wird »gefeilscht«. Im Grunde wird jetzt aus Berechnung gehandelt: Wenn ich etwas für dich tue, tust du dann etwas für mich?

Phase 3: Gegenseitigkeit: »gegenseitiger Respekt«. Das Kind kann sich in die Lage des anderen hineinversetzen. Es hat gelernt, dass es zu einer Gruppe gehört, und möchte die Erwartungen anderer Gruppenmitglieder erfüllen.

Phase 4: Jetzt bestimmen die Normen der Gesellschaft (Gesetz und Ordnung), wie vorgegangen wird. In diesem Stadium wird gesehen, dass Regeln eine wichtige Rolle für die Gemeinschaft spielen.

Phase 5: Das Gesetz beruht auf einer rationalen Grundlage, daran wird sich jetzt gehalten. Die Gesetze wurden gemeinsam vereinbart. Es gibt auch übergreifende moralische Grundsätze.

Phase 6: Grundsätzliches und übergreifendes Denken: Grundsätze sind universalgültig (also nicht nur für eine bestimmte Gemeinschaft). Daran hält man sich, weil man sich selbst dafür entscheidet.

In der Praxis durchlaufen Kinder zwar diese Phasen, aber stecken manchmal teilweise noch in einer früheren Phase fest. Auch bei Erwachsenen merkt man gelegentlich, dass sie in einer früheren Phase stecken geblieben sind oder unter Stress dorthin zurückfallen.

Es gibt auch Menschen, die nicht alle Phasen bewältigen und in einer früheren verbleiben. Manche dieser Menschen zeigen dann kriminelles Verhalten, ihnen fehlt einfach ein Teil des Gewissens. Unter Gewissen verstehen wir das moralische Bewusstsein, dass es Gut und Böse gibt und wir zwischen diesen beiden Polen wählen müssen.

Anton macht sein Abitur, ist sich aber sehr unschlüssig, für welches Studium und für welchen späteren Beruf er sich entscheiden soll. In einer Beratungsstelle, in der er sich zur Studien- und Berufswahl beraten lässt, zeigen die meisten Tests, dass er im Grunde alles kann – was die Entscheidung nicht gerade erleichtert.

Er besucht einige »Schnupperveranstaltungen« an Universitäten und informiert sich über verschiedene Studiengänge, die ihn interessieren. Nur ist kein Studium wirklich genau das, was er sucht. Zum Schluss schwankt er noch zwischen Jura und Soziologie. (Übrigens gehen wir in Kapitel 5 noch einmal ausführlich auf die Entscheidungstheorie ein, und speziell auf die Studien- und Berufswahl kommen wir in Kapitel 10 zurück.)

Anton denkt intensiv darüber nach, Jura zu studieren. Zunächst besucht er eine Veranstaltung für Abiturienten, die mit diesem Studium liebäugeln. Hier hat er auch die Möglichkeit, sich mit Studenten auszutauschen, die bereits Jura studieren. Er gewinnt den Eindruck, dass das Studium nicht besonders schwer ist, und würde sich zusätzlich gerne in seiner Freizeit ehrenamtlich bei Amnesty International und im Verein der Jurastudenten einsetzen.

Am Ende seiner Schulzeit hat er viele Freunde und geht gern aus. Nur manchmal fällt Anton das Leben schwer. Hin und wieder fühlt er sich ziemlich down. Dann liegt er nachts wach. Macht ihm sein Leben überhaupt Spaß?

Anton merkt, dass es Momente gibt, in denen er sich überhaupt nicht wohlfühlt. Er hat Angst, dass er aneckt und sich selbst ausgrenzt und dass dies auch im nächsten Jahr der Fall sein könnte, wenn er auf die Uni geht und beispielsweise an Seminaren teilnimmt. Denn er weiß, dass er sich zwar bei großen Vorlesungen ein bisschen in sich zurückziehen könnte, wenn er merkt, dass er sich zu ärgern beginnt, aber in kleineren Gruppen kann er dann nicht den Mund halten. Das weiß er auch von der Schule: Findet er, dass ein Mitschüler oder sogar der Lehrer »dummes Zeug« erzählt, fährt er recht heftig dazwischen. »Dummes Zeug« ist es für Anton eigentlich immer dann, wenn Menschen einen begrenzten Blick haben, beispielsweise in ihrer Argumentation die Perspektive eines Opfers oder eines Schwächeren übersehen. Oder wenn sie rein oberflächlich argumentieren, während es eigentlich noch so viele andere Blickwinkel gibt, aus denen eine Situation betrachtet werden kann. Manchmal erschrickt Anton sogar selbst, wie heftig er dann werden kann. Es kommt zu schwierigen Konfliktsituationen – über die andere sich wundern, weil sie das von Antons sonst so freundlichem Charakter überhaupt nicht erwartet hätten. Was geht in einem solchen Moment eigentlich in ihm vor? Eine seiner Freundinnen, die schon Psychologie studiert, spricht ihn gelegentlich darauf an. Als ein solch heftiges Verhalten Antons auch im Freundeskreis vorkommt und sie darüber sprechen, stellt sie ihm die Frage: »Weißt du eigentlich, wie du dann auf andere wirkst?« Sie erklärt Anton, dass sie ihn sehr gern mag, aber dass er in solchen Momenten unangenehm rechthaberisch wirkt. Anton kann sich das vorstellen, er weiß, dass er auch in anderen Situationen sehr aufdringlich wirken kann, unter Freunden oder auch, wenn ihm in einem Geschäft etwas nicht gefällt. Weil er sehr viel Wert auf die Meinung dieser Freundin legt, fühlt er sich motiviert, jetzt an sich selbst zu arbeiten.

Er spricht darüber mit seiner Mutter. Auch sie gibt zu, dass sie Antons problematisches Verhalten bemerkt hat. Sie erkennt auch viel von sich selbst in Anton wieder und ist um ihn besorgt. Die beiden führen nun Gespräche, in denen sie vieles ergründen. Wie seine Mutter erzählt, kennt sie solche Konflikte auch aus ihrem eigenen Leben. Sie hat viel darüber mit anderen geredet und weiß jetzt besser, wie sie mit solch intensiven Gefühlen umgehen muss. Leicht ist es allerdings immer noch nicht.

Anton beschließt, dass er jetzt wirklich an sich selbst arbeiten will. Er möchte nicht unglücklich werden und will bald erfolgreich sein Studium beginnen. Er denkt daran, sich später vielleicht auf internationales Recht zu spezialisieren, und dazu muss man ja wohl kommunikativ stark sein.

Anton entschließt sich, einen Psychologen aufzusuchen. Beim ersten Termin führt er ein ausführliches Gespräch mit ihm darüber, wie er als Kind und in der Schule war, was ihn heute an sich selbst stört und wo sein Problem liegt. Danach werden weitere Gesprächstermine vereinbart.

Der Psychologe

Bei Anton erkannte ich sofort sehr viel von einem Hochbegabten mit einer sehr wachen Intelligenz: Er saß ganz vorn auf seinem Stuhl, formulierte ganz exakt und hörte mir genau zu. Er reagierte auch sehr sachbezogen auf alles, was ich sagte. Ich merkte, dass er über alles schon gründlich nachgedacht hatte. Er war wirklich dazu bereit, über sein eigenes Verhalten nachzudenken und daran zu arbeiten.

Übrigens sehe ich manchmal auch Hochbegabte, die sich ganz anders zeigen: Sie sind mutlos, lassen die Schule oder das Studium laufen und können sich zu nichts mehr aufraffen. Rein gar nichts mehr kann sie herausfordern. Dann ist es wirklich schwer, sie wieder zu motivieren – wenn sie überhaupt zu mir kommen. Ich glaube, Hochbegabte geben ziemlich oft auf, weil sie ihre Motivation verlieren. Vermutlich gibt es auch unter den Patienten in psychiatrischen Kliniken und unter den Obdachlosen hochbegabte Menschen. Zwischen Genialität und Wahnsinn liegt, glaube ich, manchmal nur ein ganz schmaler Grat. Bei Anton gehe ich aber davon aus, dass er an und für sich psychisch völlig gesund ist, nur jetzt gerade ein bisschen Hilfe braucht.

Weil er selbst erkannt hat, dass er hochbegabt ist und wo es bei ihm nicht gut läuft, ist es für ihn und für mich leichter, das Problem schnell am Kern anzupacken.

WIE ERKENNT MAN HOCHBEGABUNG?

Hochbegabung wird oft so definiert, dass bei einem geeigneten IQ-Test mehr als ungefähr 130 Punkte erzielt werden (diese Zahl ist je nach dem jeweiligen Test unterschiedlich). Damit gehören diese Personen zu den 2 Prozent der Bevölkerung mit der höchsten Intelligenz. Ob hochintelligent dasselbe wie hochbegabt bedeutet, darüber gibt es verschiedene Meinungen, wie zum Beispiel:

- Eine Person gilt als hochbegabt, wenn sie außer einem hohen IQ auch besondere Leistungen zeigt.
- Auch ohne Schul- oder Studienabschluss, sichtbare Leistungen oder gesellschaftliche Position kann eine Person hochbegabt sein, wenn sie eine Reihe spezifischer Eigenschaften besitzt. Es kann nämlich sein, dass ein IQ-Test z. B. bei Legasthenie oder extremer Versagensangst nicht geeignet ist.

2007 wurde von einer Expertengruppe der folgende Konsens über die Hochbegabung formuliert, der in Abb. 2 als Modell dargestellt wird. Hier die Definition:

»Ein hochbegabter Mensch ist ein schneller und intelligenter Denker, der komplexe Fragen bewältigen kann. Er hat einen autonomen, neugierigen und begeisterungsfähigen Charakter.

Er ist ein sensibler und emotionaler Mensch, der intensiv lebt. Ihm macht es Freude, schöpferisch tätig zu sein.«

Diese Definition enthält die folgenden Merkmale:

- hochintelligent (denken)
- autonom (sein)
- hochsensibel, scharf (wahrnehmen)
- ein reiches und differenziertes Gefühlsleben (fühlen)
- begeistert und neugierig (wollen)
- schöpferisch tätig sein (handeln)

Bezogen auf das Zusammenspiel zwischen diesen Aspekten wird dies in der Interaktion mit der Umgebung um die Merkmale »kreativ, schnell, intensiv lebend und komplex« erweitert. Diese Merkmale können sich im täglichen Leben sowohl positiv als auch negativ auswirken. Das hängt u. a. von Charakter, Erziehung, Erfahrungen in der Schule oder an anderen Orten u. v. a. ab.

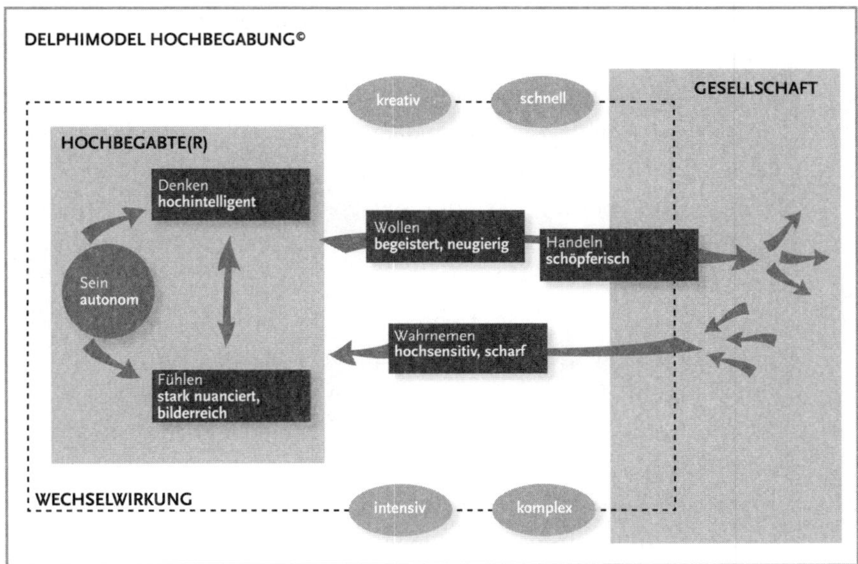

Quelle: Kooijman-van Thiel, M. (Hg.) (2008): Hoogbegaafd. Dat zie je zó! Over zelfbeeld en imago van hoogbegaafden. Ede: OYA Productions, 2008. Übersetzung: Karin Hilbers

Hier wird deutlich, dass hochintelligentes Denken (also das, was bei einem IQ-Test gemessen wird) nur ein Teil des Gesamtbilds ist. Das Delphi-Modell sagt etwas darüber aus, wie Hochbegabte sind, denken, fühlen, wollen, handeln und wahrnehmen, sowie darüber, wie diese Aspekte zusammenwirken. Im Grunde beschreibt das Modell damit, was es für einen Menschen bedeutet, hochbegabt zu sein.

Anton setzt sich zusammen mit dem Psychologen mit dem Modell der Hochbegabung auseinander. Schon bald erkennt er, woran er selbst arbeiten kann. Mit der Unterstützung des Psychologen formuliert er sein Ziel für die Gespräche wie folgt: »Problematisch sind für mich Situationen, in denen etwas in einer Weise geschieht, die ich für einfach unerträglich halte. Ich will lernen, was dann eigentlich in mir geschieht. Was fühle ich dann? Ich kann die meisten Dinge vom Kopf her gut durchdenken, aber dann werde ich plötzlich überwältigt von verschiedenen Gefühlen – und die verdränge ich dann auch wieder, weil ich nicht weiß, wie ich damit umgehen muss. Ich will lernen, damit effektiver umzugehen, als ich dies jetzt tue.« Der Psychologe und Anton verabreden gemeinsam, dass sie die folgenden Themen behandeln wollen.

Wie der Psychologe Anton erklärt, werden sechs Grundgefühle oder auch Basisemotionen unterschieden (Ekman, 1999): wütend, ängstlich, froh, betrübt, erstaunt, entsetzt. Gemeinsam mit Anton beschreibt er die Merkmale: Was für ein Gefühl spürt er bei jeder dieser Emotionen?

Anton beschreibt dann mehrere Situationen, die ihm schwerfallen, etwa in kleineren Arbeitsgruppen oder im Freundeskreis. Diese Situationen spielt er dann mit dem Psychologen nach.

Dabei geht Anton dann tiefer darauf ein, was er in dem Moment, in dem er eine so heftige Reaktion zeigt, eigentlich fühlt. So lernt er, sein Gefühl selbst besser zu erkennen und zu benennen. Zuerst die Grundgefühle, dann noch einige weitere Emotionen. Er merkt jetzt, dass er z. B. in der Schule oft wütend ist – auf einen Lehrer oder einen Mitschüler. Oder daheim auf seinen Vater. Hinter dem, was sich zunächst wie Wut anfühlte, versteckte sich aber oft noch mehr. Er erkennt jetzt, dass es in der Schule oft Enttäuschung war – oder Machtlosigkeit; manchmal auch eher Kummer, und manchmal sogar Empörung. Beim nächsten Gespräch erzählt er dem Psychologen von einigen Erfahrungen. Beispielsweise hat er neulich mit seinem Vater über einen Artikel in der Zeitung diskutiert. Sie waren nicht einer Meinung. Früher wäre er wütend geworden, jetzt merkt er, dass es ein anderes Gefühl ist, und spricht mit dem Psychologen darüber. Gemeinsam benennen sie das Gefühl: Meine Meinung wird nicht respektiert. Hier hat Anton einen Ansatzpunkt. Für das nächste Mal, wenn er mit seinem Vater eine solche Diskussion hat, nimmt er sich vor, genau dies offen auszusprechen.

Werte benennen und verstehen

Im gemeinsamen Gespräch arbeiten Anton und der Psychologe heraus, welche Werte bei Antons Gefühl eine Rolle spielen:

Gerechtigkeitsgefühl

Anton hat oft Probleme mit Situationen, die er für ungerecht hält. Das hatte er von klein auf, schon in der Schule. Für ihn ist es äußerst wichtig, dass Menschen gerecht behandelt werden. So konnte er es nicht ertragen, dass ein Lehrer Schüler ohne erkennbaren Grund ganz unterschiedlich beurteilte. Anton hat jetzt erkannt, dass diese Situationen so unerträglich für ihn wurden, weil sie sein Gerechtigkeitsempfinden berührten, und kann jetzt besser verstehen, was in ihm vorgeht, wenn er dieses Gefühl noch einmal spürt. Dann kann er z. B. zunächst darüber nachdenken und danach entscheiden, ob er zu diesem Zeitpunkt darüber reden will. Gerechtigkeitsgefühl ist an und für sich eine sehr positive Eigenschaft, aber wenn es zu starke Emotionen hervorruft oder man davon sogar aggressiv wird, kann es negative Auswirkungen haben.

Sorgfalt

Auch über mangelnde Sorgfalt kann Anton sich ziemlich aufregen. Beispielsweise findet er, dass die Schulzeitung schlampig aussieht, voller Rechtschreibfehler und oft auch noch schlecht lesbar ist. Auch Sorgfalt ist an sich eine positive Eigenschaft. Sie kann aber an Perfektionismus grenzen, und das kann dann so weit führen, dass nichts mehr positiv gesehen werden kann, weil man viel zu kritisch ist. Dann ist es eine Kunst, seine positive Eigenschaft möglichst konstruktiv einzusetzen.

Respekt

Anton achtet immer besonders darauf, dass jemand mit einer anderen Meinung diese auch äußern kann. Obwohl ihm das schwerfällt, weil er so schnell denkt, fällt er anderen nie ins Wort. Respekt ist ein Wert, der dafür sorgt, dass wir gut miteinander umgehen können, ohne uns gegenseitig zu verletzen. Es geht darum, die Identität anderer Menschen zu respektieren. Darum leidet Anton auch besonders darunter, wenn seine eigene Identität nicht respektiert wird.

Coping

Der Psychologe erklärt Anton, was man unter Coping versteht (siehe auch Kapitel 4). Anschließend übt Anton einige Coping-Techniken. Dabei lernt er, dass er in einer bestimmten Situation selbst entscheiden kann, wie er sich verhalten wird. Das beruhigt ihn. Jetzt weiß er, dass seine Gefühle ihn nicht einfach überwältigen, ohne dass er etwas daran tun kann.

Umgang mit irrationalen Wahrnehmungen

Später lernt Anton auch noch das sogenannte 5-G-Modell kennen, das im Folgenden beschrieben wird.

HILFREICHE UND NICHT HILFREICHE GEDANKEN

In der rational-emotiven Verhaltenstherapie (REVT) wird von dem Grundgedanken ausgegangen, dass ein Zusammenhang zwischen Gefühl, Verhalten und Gedanken besteht. Darauf basierend wurde das sogenannte 5-G-Schema formuliert:

Ereignis > Gedanke > Gefühl > Verhalten > Folgen

Wenn ein Ereignis eintritt, stellt sich oft ein Gefühl ein, auf das man dann sein Verhalten abstimmt. Viele Menschen wissen aber nicht, dass zwischen dem Ereignis und dem Gefühl über dieses Ereignis immer noch ein eigener Gedanke steckt. Wenn man lernt, diesen Gedanken bewusst zu erkennen, kann man diesen Gedanken beeinflussen – und auf diese Weise auch das Gefühl. Dabei unterscheiden wir hilfreiche und nicht hilfreiche Gedanken.

Ein Beispiel: Man sieht, dass ein Mitschüler in eine andere Richtung blickt, wenn man das Klassenzimmer betritt. Dann kann man wütend werden, aber auch traurig.

Wenn man wütend wird, kann es sich z. B. um den folgenden Gedanken handeln: »Er will mich wieder mal nicht sehen, so eine Gemeinheit, ich bin wohl nicht gut genug für ihn.«

Wenn man traurig wird, kann es sich z. B. um den folgenden Gedanken handeln: »Eigentlich habe ich gar keine richtigen Freunde, jetzt will er mich auch schon nicht mehr sehen.« Beide Gedanken sind nicht hilfreich.

Jetzt ein Beispiel für einen hilfreichen Gedanken: »Ach, bestimmt hat er gerade an etwas anderes gedacht, darum hat er mich gar nicht gesehen.« Durch diesen hilfreichen Gedanken entsteht kein unangenehmes Gefühl.

Hat man erst einmal erkannt, dass sich auf diese Weise das Gefühl steuern lässt, kann man bei einem unangenehmen Gefühl auch versuchen herauszufinden, welcher Gedanke denn dieses Gefühl verursacht haben könnte. Dann kann man sich mit diesem Gedanken beschäftigen und sich genau überlegen, ob der Gedanke überhaupt zutrifft oder ob sich da nicht eher allerlei Annahmen eingestellt haben, die sich im Grunde gar nicht mit objektiven Fakten belegen lassen. Diese nicht hilfreichen (irrealen) Gedanken erkennt man daran, dass darin meistens die folgenden Begriffe vorkommen: immer, nie, wieder (nicht) usw. Tauchen diese Begriffe auf, kann man kritisch hinterfragen, ob das alles überhaupt zutrifft.

Anton übt das 5-G-Schema mit dem Psychologen. Dazu benutzt er das folgende Beispiel: Während der Wochenenden, wenn viele junge Leute mit Freunden in die Kneipe gehen, fühlt er sich oft sehr einsam. Er zieht zwar mit den anderen »um die Häuser«, hat aber das Gefühl, nicht dazuzugehören. Er findet die Witze nicht lustig, meistens fühlt er sich wie ein echter Außenseiter. Jetzt analysiert Anton diese Situation mit dem 5-G-Schema:

- Ereignis: Die Gruppe geht in die Kneipe, sie reden und machen Witze.
- Gefühl: Anton fühlt sich einsam.
- Verhalten: Anton zieht sich zurück, sagt nicht viel.
- Folgen: Der Abend macht ihm überhaupt keinen Spaß. Als er nach Hause kommt, grübelt er darüber, was er da eigentlich zu suchen hat.

Welcher Gedanke hat sich jetzt zwischen das Ereignis und das Gefühl gestellt? Anton merkt, dass es das Gefühl ist, dass die anderen ihn und auch alles, was er sagt, merkwürdig finden. Der Psychologe bespricht mit Anton, ob das ein hilfreicher Gedanke ist. Das ist natürlich nicht so, merkt er schnell. Anton hat eigentlich auch keinen Grund, anzunehmen, dass die anderen ihn komisch finden. Sie fragen ihn immer, ob er mitkommen will, und machen ihm gegenüber auch keine gemeinen Bemerkungen.

Jetzt denkt Anton darüber nach, ob ihm Gedanken einfallen, die in dieser Situation hilfreich sein können. Diese denkt er sich aus:

- Seine Freunde wollen ihn überhaupt nicht ärgern.
- Sie tun einfach, was sie in der Kneipe immer tun: Bier trinken, reden, Witze machen.
- Für sie gehört er einfach zu ihrer Gruppe dazu, sie merken gar nicht, dass es ihm keinen Spaß macht.

Von diesen Gedanken ausgehend, merkt Anton, dass sein Gefühl der Einsamkeit letztlich aus seinen eigenen Gedanken über die anderen herrührt – und dass er diese gar nicht untermauern kann. Jetzt fühlt er sich schon viel weniger schlecht, wenn er an das letzte Mal zurückdenkt.

Im nächsten Schritt überlegt er sich, wie er dafür sorgen kann, dass ihm das Ausgehen mit Freunden mehr Spaß macht. Dabei fallen ihm die folgenden Möglichkeiten ein:

- Er kann seine Erwartungshaltung ändern: Niemand führt in der Kneipe tiefschürfende Gespräche (siehe auch Kapitel 4 über Enttäuschungen).
- Er kann versuchen, sich so hinzusetzen, dass er in der Nähe von Menschen sitzt, die ihm sympathisch sind und mit denen er eventuell reden kann.
- Er kann sich vorher überlegen, über welche Themen er mit seinen Freunden in der Kneipe reden könnte.

Beim nächsten Kneipenbesuch probiert Anton die verschiedenen Möglichkeiten aus. Diesmal kommt er viel weniger unglücklich nach Hause. Er merkt, dass es ihm wirklich etwas gebracht hat, an den hilfreichen Gedanken zu arbeiten.

Nach fünf Gesprächen mit dem Psychologen ist Anton sich recht sicher, dass er das, was er gelernt und erfahren hat, weiter in die Praxis umsetzen kann, auch wenn er weiß, dass er noch viel üben muss. Es fällt ihm aber immer noch schwer, sein Gefühl zu benennen und hilfreiche Gedanken zu suchen, mit denen er die nicht hilfreichen Gedanken ersetzen kann.

Im Rückblick

Anton

Ich hoffe, andere hochbegabte Jugendliche können etwas aus meiner Geschichte lernen. Meine Zeit in der Schule war oft schwer, aber irgendwann habe ich dann beschlossen, dass nur ich selbst etwas an meinem eigenen Gefühl tun kann. Damals wusste ich eigentlich nichts über Hochbegabung. Jetzt weiß ich darüber mehr. Zum Glück haben einige wichtige

Menschen in meinem Leben immer zu mir gehalten. Außerdem habe ich einen Psychologen gefunden, der mir zu wertvollen Erkenntnissen verholfen hat. Ich fühle mich jetzt viel selbstsicherer als vor ein paar Jahren.

Antons Mutter

Ich konnte Anton immer gut verstehen. Das hat ihm sicherlich auch geholfen, sich selbst besser zu verstehen. Natürlich habe ich gesehen, dass er es manchmal in der Schule schwer hatte, aber immer darauf vertraut, dass er seinen eigenen Weg finden würde. Ich glaube, für Eltern von hochbegabten Kindern ist es sehr wichtig, dass sie selbst immer auf die positiven Seiten der Hochbegabung hinweisen. Damit meine ich nicht, man solle ihnen alles durchgehen lassen. Wenn ein Kind ein Verhalten zeigt, mit dem es sich selbst oder seiner Umgebung schadet, muss man natürlich eingreifen.

Und falls erforderlich, muss man sich professionelle Hilfe suchen. Manchmal genügt es aber auch, gut zu erklären und Kontakte mit anderen Hochbegabten zu fördern. Antons Geschichte kann hilfreich für andere Jugendliche sein. Denn wenn man sich selbst akzeptiert, wie man ist (auch wenn man ganz anders ist als die Gruppe der Gleichaltrigen), ist das der Anfang dafür, sich in seiner eigenen Haut wohlzufühlen. Sich selbst kennenlernen und dabei auch lernen, effektiv mit den eigenen Gefühlen und Werten umzugehen, ist für das ganze Leben sehr wichtig.

Antons Psychologe

In dem Buch »Smart Boys« (Kerr & Cohn, 2001) wird beschrieben, wie Jungen schon in ihrer frühesten Jugend dem Druck ausgesetzt sind, »echte Männer« zu werden – wenn nicht von den Eltern, dann von ihrer Umgebung. Das bedeutet, dass viel Wert auf die körperliche Entwicklung und Leistungen gelegt wird. Intelligenz soll angeblich »weiblicher« machen. Jeder kennt das Phänomen, dass in der Schulkultur die Schüler, die im Sport gut sind, im Allgemeinen beliebter sind. Hochbegabte Jungen begegnen eher selten Erwachsenen, die sie dazu ermutigen, ihre Werte zu überdenken, und ihnen dabei helfen, zu lernen, wie sie ihr Leben in die

Hand nehmen und Entscheidungen aufgrund ihrer eigenen Werte treffen können.

Anton hat solche Personen in seinem direktem Umfeld gefunden; andere (hoch)begabte Jungen brauchen Unterstützung bei Aktivitäten und Interessen, die traditionell nicht als männlich gelten, sowie dabei, herauszufinden, wer sie wirklich sind und was für sie selbst wichtig ist.

Intelligente Kinder bewältigen auch oft schneller als Gleichaltrige die Phasen der sogenannte »Theory of Mind« (ToM). Darunter wird die menschliche Fähigkeit verstanden, sich ein Bild von der Perspektive anderer Menschen, und indirekt auch von sich selbst, zu verschaffen. Es gibt einen positiven Zusammenhang zwischen der verbalen Intelligenz und der ToM (Förstl, 2006). Das könnte manche Kommunikationsstörungen mit Gleichaltrigen erklären, aber auch das Gefühl des »Andersseins«. Auch solche Erkenntnisse können dazu beitragen, dass junge Menschen wie Anton lernen, sich selbst besser zu verstehen.

2. »Siehst du, das schaffe ich ja doch nicht …«

Emma ist ein Mädchen aus einer stabilen Familie. Beide Eltern sind Akademiker. Ihr Vater weist viele Merkmale einer Hochbegabung auf, ihre Mutter hat einen anspruchsvollen, gut bezahlten Job, ist aber unsicher. Emma hat eine Schwester, die zwei Jahre älter ist als sie. Im Kindergarten ist Emma ein fröhliches, offenherziges Kind. Wegen ihres deutlichen Vorsprungs wurde sie schon ein Jahr früher eingeschult. Im ersten Schuljahr zeigt Emma durchschnittliche Leistungen. In dieser Zeit fällt ihren Eltern auf, dass sie immer stiller wird. In der 2. Klasse hat sie einen ziemlichen Rückstand beim Rechnen und Schreiben. Ihre Eltern können sich das überhaupt nicht erklären. Emma hatte doch eigentlich einen Vorsprung? Darum beschließen sie, einen Intelligenztest machen zu lassen. Wie dieser Test zeigt, hat Emma ein ausgewogenes und überdurchschnittliches Profil. Viele Anzeichen weisen aber darauf hin, dass sie möglicherweise unter Minderleistung und Versagensangst leidet. Obwohl der Bericht dieses Tests ausführliche Informationen und Empfehlungen gibt, stuft die Schule Emma als schwache Schülerin ein und stimmt darauf die Betreuung ab, auch in der 3. Klasse. Schließlich möchte Emma gar nicht mehr zur Schule gehen. Ihre Eltern sind nach den zahllosen Gesprächen und ständigen Erklärungen, in denen sie immer wieder etwas »beweisen« müssen, ebenfalls frustriert und haben das Vertrauen in diese Schule verloren. Die Auffassungen liegen einfach zu weit auseinander, es fehlt an Verständnis für die gegenseitigen Erfahrungen.

Versagensangst

Versagensangst äußert sich als Angst in Situationen, in denen man etwas tun muss, für das man beurteilt wird oder glaubt, dass man beurteilt werden wird. Der ständige Gedanke an ein mögliches Scheitern lässt einen innerlich festfahren und man wird von Angst übermannt (Nieuwenbroek, 1999).

Wenn nichts dagegen unternommen wird, nimmt die Versagensangst kontinuierlich zu und die Leistungen werden immer mehr unterdurchschnittlich. Der Betroffene denkt: »Ich kann das einfach nicht«, es stellt sich ein Gefühl der Frustration ein (»Warum soll ich mich dafür überhaupt noch anstrengen?«). Es geht hier nicht um das Gefühl, etwas (noch) nicht zu schaffen, sondern um das Gefühl, ein Versager zu sein.

Übrigens gibt es auch eine körperliche Erklärung für das Angstgefühl: Bei Angst und Wut wird im Körper eine Überdosis Adrenalin erzeugt. Diese Überdosis löst eine Kleinhirnaktivität aus, die sich als körperliche Unruhe äußert. Dadurch wird das Großhirn zeitweise nicht ausreichend mit Sauerstoff versorgt und funktioniert nicht mehr richtig. Dies wird dann als Denkblockade oder Blackout bezeichnet.

»FIXED MINDSET« UND »GROWTH MINDSET«

Dweck (2009) hat mittels Untersuchungen bewiesen, dass es einen großen Unterschied gibt zwischen Menschen, die glauben, dass ihre Intelligenz feststeht (»Fixed Mindset«), und Menschen, die glauben, dass Intelligenz geformt werden kann (»Growth Mindset«). Die erste Gruppe geht davon aus, dass alle Anstrengungen umsonst sind, weil die Intelligenz eine feststehende Ausgangsbasis ist. Die zweite Gruppe glaubt, dass die Intelligenz davon bestimmt wird, wie intensiv Denkfähigkeit benutzt und auf welche Herausforderungen eingegangen wird. Je mehr Herausforderungen aufgegriffen werden, desto intelligenter wird man.

Wie dieselbe Untersuchung ergeben hat, sind Menschen, die an die Plastizität des Gehirns glauben, eher dazu bereit, sich Mühe zu geben, wodurch sie signifikant bessere Leistungen erzielen. Im Umkehrschluss gilt dann, dass Menschen, die die Intelligenz für statisch halten, davon ausgehen, dass sie nichts mehr daran tun können, wenn sie etwas nicht können. Anders ausgedrückt: Wenn etwas fehlschlägt, fühlen sie sich dumm und glauben, dass auch keine Verbesserung mehr möglich ist.

Die Untersuchung von Dweck basiert auf der Attributionstheorie, auf die wir in diesem Kapitel noch eingehen werden.

Emmas Eltern beschließen, Emma mit neun Jahren in eine andere Grundschule zu schicken. Weil sie sehen, dass Emma einen unglücklichen Eindruck macht, still und zurückgezogen erscheint und kaum noch mit Freundinnen spielt, suchen sie eine Kinderpsychologin auf, die Emma betreuen kann und mit der Emma sich schon bald gut versteht. Nach fünf Gesprächen beschließen die Eltern, die psychologische Behandlung zu beenden: Auch wenn der Kontakt gut ist, sehen sie wenige Fortschritte – Emma fühlt sich nicht besser, und auch ihre schulischen Leistungen steigen nicht. Ihre Eltern hatten geglaubt, diese würden sich verbessern, wenn Emma sich wieder wohl in ihrer Haut fühlt. Die Psychologin empfiehlt eine innerschulische Betreuung, damit Emma vielleicht wieder sicherer bezügliche ihrer eigenen Fähigkeiten wird. Außerdem schlägt sie vor, für Emma einen Betreuer mit Wissen über Hochbegabung zu suchen. Diese Schule bietet aber für Schüler von Emmas Niveau keine solche spezielle Betreuung an. Gegen Ende der letzten Grundschulklasse ziehen die Eltern – auch weil dies in der Zeugnisbesprechung der 3. Klasse zur Sprache gekommen war – eine spezialisierte Hochbegabtenbetreuerin hinzu, Jolanda Winter.

Jolanda erzählt

Im ersten Gespräch mit Emmas Eltern fällt mir auf, dass ihr Vater sehr leistungsorientiert ist. Immer wieder spricht er von dem Vorsprung, den Emma erst hatte und weswegen sie früher eingeschult werden durfte. Für ihn liegt die Ursache der Probleme in der Schule. Ihre Mutter zeigt sich sehr emotional, ihr größter Wunsch ist es, dass ihre Tochter wieder das fröhliche und offenherzige Mädchen wird, das sie früher war. Wie sie erzählt, wird Emma regelmäßig aus der Klasse verwiesen, weil sie störendes Verhalten zeigt (sie redet mit Mitschülern oder provoziert die Lehrkraft). Emma ist darüber bekümmert, weiß aber nicht, wie sie ihr Verhalten ändern kann. Sie findet, dass sie oft unberechtigt getadelt wird, während das eigentlich andere Kinder verdient hätten. Auch zu Hause fällt es Emma besonders schwer, mit Kritik umzugehen.

Als Emma zum ersten Mal zu mir kommt, sehe ich ein verlegenes Mädchen, das zunächst nicht viel von sich selbst zeigt. Ich stelle mir die Frage, ob bei Emma vielleicht eine Überforderung (durch ihren Vater) vorliegt, weil der Schwerpunkt immer auf die Leistungen gelegt wurde. Möglich ist aber auch, dass die Mutter selbst unter Versagensangst leidet und das Kind dies verinnerlicht.

Während der Gespräche bei Jolanda erkennt Emma, dass ihr eigentlich ihre eigenen Gedanken im Weg stehen und dass sie selbst Einfluss darauf ausüben kann (siehe auch 5-G-Schema in Kapitel 1). Außerdem suchen sie gemeinsam nach den entstandenen Wissenslücken und nehmen diese in Angriff. Die Leistungen in verschiedenen Fächern steigen ganz klar an. Für Emma wirklich ein Grund zur Freude, weil sie jetzt erlebt, dass es sich lohnt, sich anzustrengen. Während der Betreuung führt Jolanda mehrere Fortschrittsbesprechungen mit der Mutter, aber auch mit beiden Eltern. Darin kommt unter anderem zur Sprache, welche Rolle die Umgebung bei der Entstehung von Versagensangst haben kann und welche Rolle dabei – gerade bei hochbegabten Kindern – die Erwartungen der Eltern spielen.

Nach der Grundschule wechselt Emma in die Sekundarstufe. Sie geht gemeinsam mit einer Mitschülerin aus ihrer letzten Grundschulklasse auf dieselbe Schule. Emma bemüht sich nach Kräften, Anschluss an eine populäre Gruppe in ihrer Klasse zu finden. Sie kleidet sich wie einige dieser Mädchen und trägt die gleiche Frisur. Nach der Schule kommt Emma nicht immer nach Hause. Weil ihre Eltern beide berufstätig sind und Emmas ältere Schwester eine andere Schule besucht, fällt das kaum auf. Die Hausaufgaben macht Emma – angeblich – oft schon in der Schule, hin und wieder lernt sie auch zu Hause. Auf ihre Eltern wirkt Emma immer öfter schlecht gelaunt und reizbar, beim kleinsten Anlass fängt sie an zu weinen und rennt in ihr Zimmer. Abends kann sie einfach nicht einschlafen, was ihre Laune auch nicht gerade bessert. Ihre Eltern sehen, dass ihre Jüngste wieder mit sich selbst zu kämpfen hat, wissen aber nicht, wie sie ihr helfen können. In einer Elternzeitschrift lesen sie einen Artikel über hochbegabte Kinder und Versagensangst. Ist es vielleicht wieder die Versagensangst, unter der Emma jetzt in der Sekundarstufe leidet? Wie kann Versagensangst eigentlich erkannt werden?

HINWEISE AUF VERSAGENSANGST

In dem Alter, in dem sie in die Sekundarstufe gehen, können Schüler oft sehr gut selbst beurteilen, ob sie unter Versagensangst leiden. Bei jüngeren Kindern sind es oft die Eltern, denen als Ersten die geistigen und körperlichen Spannungen auffallen. Diese äußern sich oft in Grübeln, Schlafstörungen, Bauch- oder Kopfschmerzen und gesteigerter Reizbarkeit.

Lehrkräften und Dozenten fällt möglicherweise auf, dass diese Kinder schneller um Hilfe bitten oder dass sie gerade nicht um Hilfe bitten, aber auch nichts erreichen.

Wie wir wissen, zeigen Jungen und Mädchen unterschiedliche Symptome von Versagensangst. Dies hat unter anderem mit biologischen Faktoren zu tun, aber auch mit dem Einfluss von Eltern oder Medien.

Angst löst bei Jungen eher ein aktives Verhalten aus. Dieses aktive Verhalten verringert das Angstgefühl. Bei Mädchen führt Angst dagegen öfter zu einem passiven Verhalten, das wiederum das Angstgefühl verstärkt.

Wenn wir weiter nachhaken, stellt sich heraus, dass Schüler mit Versagensangst ausnahmslos ein unrealistisches (negatives) Selbstbild haben. Das äußert sich etwa so, dass sie schlecht von sich selbst reden. In ihrem Kopf stecken viele Annahmen, persönliche »Wahrheiten« und Überzeugungen, die nicht mit der Realität übereinstimmen.

Auch wenn Emmas Eltern glauben, dass Emma wieder Hilfe braucht, schiebt Emma selbst diese Entscheidung auf die lange Bank. Ihr Zeugnis am Ende der 5. Klasse reicht gerade aus, um nicht sitzen zu bleiben. In Emmas Schule kann nach der 6. Klasse die Entscheidung getroffen werden, ob ein Schüler mittlere Reife, Fachhochschulreife oder das Abitur machen wird. In dieser Klasse bekommt Emma eine Klassenlehrerin, die selbst zwei hochbegabte Kinder hat, die etwas älter sind als Emma. Diese Klassenlehrerin sieht Emma mit ganz anderen Augen als ihre Kollegen. In der ersten Zeugnisbesprechung teilt die Klassenlehrerin Emmas Eltern mit, dass sie ihre Leistungen deutlich schlechter findet als erwartet. Sie hat dies schon mit Emma besprochen, die sich das selbst nicht erklären kann. Die Klassenlehrerin denkt nun an Versagensangst. Sie schlägt vor, Emma einen Test absolvieren zu lassen, mit dem Versagensangst festgestellt werden kann. Dazu verwendet diese Schule einen Fragebogen (s. Beschreibung).

In einem Gespräch, das sie vor diesem Test mit der Lehrerin führt, redet Emma über die Schule, auch darüber, was ihr nicht gefällt. Sie weiß, dass sie dazu neigt, sich an das anzupassen, was von ihr erwartet und verlangt wird, in der Schule ganz besonders auf der sozialen Ebene. Darin geht sie ziemlich weit: Wie legt man eine Meinungsverschiedenheit bei? Welche Rolle spiele ich darin selbst? Emma findet, dass sie dann eigentlich ganz anders handelt, als sie selbst gerne will. Andererseits möchte sie auf keinen Fall

»anders« sein, keine andere Meinung zum Ausdruck bringen, nicht anders handeln als andere. Sie will unbedingt dazugehören und gemocht werden. Emma ist auch leistungsorientiert, sie vergleicht ihre Ergebnisse mit den Ergebnissen ihrer Mitschüler und ärgert sich, wenn sie einen Fehler macht oder eine Antwort nicht weiß. Ziemlich viele Gedanken konzentrieren sich bei ihr darauf, was sie so alles »muss«. Ihre Geschichte zeigt deutlich, dass Emma eine Denkblockade hat, weil sie Angst hat, zu versagen. Sie stellt sehr hohe Ansprüche an sich selbst. Emma legt den Test zur Messung der Versagensangst in der Schule auf ihrem Computer ab.

Wie wird Versagensangst gemessen?

Im Internet gibt es verschiedene Fragebogen zum Herunterladen, mit denen festgestellt werden kann, ob möglicherweise eine Versagensangst vorliegt (siehe Links im Anhang); daneben gibt es beispielsweise den Angstfragebogen für Schüler (AFS) und die Hamburger Verhaltensbeurteilungsliste (HAVEL). Diese Fragebogen sind psychologische Tests mit Fragen und Aussagen, die aufschlussreiche Ergebnisse über Motivation, Zufriedenheit und Selbstvertrauen von Schülern bieten. Internettests können Schüler selbst machen, um sich einen ersten Eindruck zu verschaffen. Das Ergebnis ist dann eine gute Ausgangsbasis für Gespräche mit ihrem Klassenlehrer oder anderen Betreuern.

Manchmal möchten Schüler lieber einen umfassenderen Selbsttest ablegen, weil sie sich Klarheit verschaffen wollen, wie sie im Leben stehen. Auch dafür können viele Tests im Internet gefunden werden.

Wenn viele negative Antworten eingegeben wurden, ist das ein Signal dafür, dass es Zeit ist, eine Veränderung zum Positiven herbeizuführen. An den Fragen, die negativ beantwortet wurden, kann auch sofort ein Bild der Fähigkeiten erkannt werden, an denen sich arbeiten lässt.

Die Testergebnisse zeigen für Emma das folgende Bild: Emma hat generell eine sehr negative Einstellung zur Schule, aber auch zu sich selbst. Auch die Antworten, die etwas über die Motivation zum Lernen, ihr Wohlbefinden in der Schule und das Vertrauen zu ihren eigenen schulischen Möglichkeiten aussagen, sind ausgesprochen negativ. Möglicherweise hat Emma eine starke negative Einstellung zum Lernen, eine schlechte Konzentrationsfähigkeit in der Klasse und eine deutlich negative Haltung hinsichtlich der Hausaufgaben. Übrigens zeigen ihre Antworten noch mehr: Sie geht ungern zur Schule und ist dort unzufrieden, sie fühlt sich wenig akzeptiert von ihren Mitschülern und findet, dass sie eine schlechte Beziehung zu den Lehrern hat. Außerdem hat Emma wenig Vertrauen zu ihrer eigenen Fähigkeit, sich in schwierigen sozialen Situationen richtig zu verhalten.

Im Laufe einer aufgrund dieser Ergebnisse begonnenen Gesprächstherapie merkt Emma zu ihrem Erstaunen, dass Menschen Situationen ganz unterschiedlich interpretieren, unterschiedlich darüber denken und darum auch unterschiedlich reagieren. So kommt das folgende Beispiel zur Sprache: Eine Schülerin hat eine Klausur geschrieben und meldet sich anschließend bei der Lehrkraft. Sie sagt: »Ich habe dieselbe Antwort gegeben wie Nina, aber bei ihr ist die Antwort richtig und bei mir falsch. Wie kommt das?« Worauf der Lehrer antwortet: »Weil mir dein Gesicht nicht passt, natürlich.« Der eine Schüler fängt dann zu lachen an, der andere erzählt es zu Hause, woraufhin seine Eltern sich offiziell beschweren.

Emma übt jetzt auch mit dem 5-G-Schema (siehe Kapitel 1) und lernt, dass durch eigene Gedanken bestimmte Gefühle hervorgerufen und also auch verändert werden können. Sie merkt, dass sie anscheinend selbst die Wahl hat: Man lässt Versagensangst zu, kann sie aber auch nicht zulassen. Schon gleich bei der nächsten Klausur stellt sie fest, wie hilfreich dies ist. Sie redet sich selbst gut zu und versucht, »hilfreiche« Gedanken hervorzurufen. Auch wenn es nicht sofort hundertprozentig funktioniert, kann sie ihre Angstgefühle schon etwas verringern.

Emma lernt auch, was Angst eigentlich ist. Und in ausführlichen Gesprächen erfährt sie, warum Versagensangst gerade bei Hochbegabten vorkommt.

Wir wollen hier einige Erklärungen für das Auftreten von Versagensangst bei hochbegabten Kindern kurz zusammenfassen. Dabei gehen wir davon aus, dass diese Erklärungen auf kognitivem, emotionalem und sozialem Gebiet anwendbar sind:

~ Zu wenig Erfahrung mit Versagen und schlechten Noten: Anfangs ging in der Schule immer alles viel zu leicht. Diese Kinder haben noch nie eine ungenügende Note gehabt. Passiert das dann doch einmal, erschrecken sie sehr und werden ängstlich. Sie wissen noch gar nicht, wie sie mit dieser Erfahrung umgehen müssen.
~ Langeweile und Unterforderung: Diese Kinder brauchen viel mehr Stimulation, als ihnen jetzt von ihrer Umgebung geboten wird. Obwohl sie oft kreativ sind, können sie damit nicht richtig umgehen.
~ Negative Erfahrungen im Kontakt mit Gleichaltrigen: Manchmal wurden diese Kinder gemobbt, weil sie »anders« sind. Andere Kinder verhalten sich so dominant, dass sie dadurch wenig Kontakte haben. Es besteht die Gefahr, dass sie sozial ausgegrenzt werden.

Für Emma erweisen sich die Gespräche als sehr hilfreich. Sie vertieft sich immer weiter in die Theorie, die den besprochenen Themen zugrunde liegt. Wäre ein Psychologiestudium nicht etwas für sie? Außerdem fühlt sie sich von der Psychologin bedingungslos akzeptiert. Sie kann so sein, wie sie ist, und hat nicht ständig das Gefühl, sich beweisen zu müssen.

Bei den Gesprächen über das 5-G-Schema sucht sie darüber viele weitere Informationen im Internet. Dabei findet sie auch einen Artikel über die »Attributionstheorie«. Sie erkennt, dass sie sich mit dieser Theorie einen Großteil ihrer Kenntnisse über Versagensangst erklären kann. Das findet sie hochinteressant.

DIE ATTRIBUTIONSTHEORIE

Die Attributionstheorie ist eine psychologische Basistheorie, die in den Fünfzigerjahren des 20. Jahrhunderts von Fritz Heider formuliert wurde. Kurz zusammengefasst besagt diese, dass Menschen sich bei einem Ereignis eine eigene Theorie darüber bilden, wie dieses Ereignis entstanden ist beziehungsweise was es herbeigeführt hat. Meistens geht das ganz automatisch. Dabei kann die Ursache eines Ereignisses vor allem außerhalb der eigenen Person gelegt werden (externe Attribution) oder vor allem innerhalb der eigenen Person (interne Attribution).

Generell haben Menschen bei allem, was gut geht, eher die Neigung zur internen Attribution und bei allem, was nicht gut geht, zur externen Attribution. Eine Ausnahme bilden Menschen, die deprimiert oder ängstlich sind: Sie denken viel öfter, dass alles, was nicht gut geht, an ihnen selbst liegt.

Wenn eine Klassenarbeit misslingt, kann die Ursache in der eigenen Person gesucht werden (»ich habe nicht genug gelernt«), aber auch bei anderen (»die Fragen waren zu schwer«, »die Klasse zu warm« usw.). Im ersten Fall kann man selbst etwas daran tun, im zweiten Fall nicht.

Man kann sich sogar ausdenken, dass die Lehrkraft es darauf abgesehen hat, dass man sitzen bleibt. Dann handelt es sich um paranoide (irreale) Gedanken. Es gibt ja wirklich keinen Grund, warum eine Lehrkraft das tun sollte.

Konstruktiver ist es also, bei allen Dingen, an denen man wirklich etwas tun kann, intern zu attribuieren.

Dagegen ist es nicht konstruktiv, bei Dingen, an denen man gar nichts tun kann (z. B. das schlechte Wetter oder die Krankheit der Mutter), intern zu attribuieren. In diesem Fall kann besser auf das 5-G-Schema zurückgegriffen und versucht werden, die eigenen Gedanken realistischer zu machen.

Emma geht es jetzt immer besser. Sie baut wieder Vertrauen in ihre eigenen Fähigkeiten auf. Ihre Eltern und ihre Lehrer sehen, dass sie wieder fröhlich wird. Sie spielt auch wieder Geige wie früher und merkt, dass das Geigespielen nun immer besser geht und sie daran mehr Freude hat. Jetzt spart sie für eine bessere Geige.

Auf Empfehlung ihrer Therapeutin startet sie ein Blog, in dem sie mindestens dreimal wöchentlich einen kurzen Text schreibt. So lernt sie, auch die Erfahrungen deutlicher wahrzunehmen, mit denen sie zufrieden ist, und dadurch wird wiederum ihr Selbstbild verstärkt.

Schritt für Schritt findet Emma heraus, dass sie im Grunde ziemlich perfektionistisch ist. Auch darüber findet sie Informationen.

Perfektionismus

Natürlich ist es fantastisch, dass es Perfektionisten gibt. Wenn man z. B. operiert werden muss, wünscht man sich einen perfektionistischen Chirurgen. Es gibt Situationen, in denen kleine Fehler schwerwiegende Folgen haben können.

Perfektionismus kann auf vielen Gebieten zu Höchstleistungen führen, etwa im Sport oder in der Musik.

Bei hochbegabten Kindern entsteht Perfektionismus, weil sie so vieles so gut können, dass sie nicht daran gewöhnt sind, hin und wieder Fehler zu machen. Schüler, die keine Fragen stellen, nie Hilfe brauchen und immer gute Zensuren bekommen, lernen nicht im eigentlichen Sinn, sie kennen den Lehrstoff ja schon längst! Es wird für sie ganz normal, keine Fehler zu machen, und das führt zu einem hohen Anspruch: Sie müssen immer die von ihnen selbst gestellte Norm erfüllen.

Eine gewisse Dosis Perfektionismus ist durchaus positiv – sie kann dazu motivieren, gute Leistungen zu erbringen. Es gibt aber Menschen, die es überhaupt nicht mehr ertragen, einen Fehler zu machen, und auch nicht mit Kritik umgehen können. Perfektionismus kann dann zu einem zwanghaften Verhalten führen.

Wenn der Perfektionismus extrem wird und man darunter leidet, ist es an der Zeit, etwas dagegen zu unternehmen. Führt er beispielsweise zu Angst, Essstörungen, Schlafproblemen, depressiven oder körperlichen Beschwerden wie Kopfschmerzen, ist es das Vernünftigste, professionelle Hilfe hinzuzuziehen.

Auch über diese Informationen schreibt Emma in ihrem Blog. Darauf erhält sie positive Reaktionen von den Lesern, vor allem hochbegabte Jugendliche finden ihren Blog sehr hilfreich.

Emma merkt, dass sie immer besser mit ihrer perfektionistischen Grundhaltung umzugehen lernt. Sie übt regelmäßig verschiedene Techniken, um effektiver zu werden und nicht mehr so darunter zu leiden. Übrigens macht sie jetzt auch täglich die Entspannungsübungen, die ihre Therapeutin mit ihr besprochen hat. Ihre Eltern hören nicht mehr wie früher das ständige »Siehst du, ich schaffe das ja doch nicht«. Jetzt sagt Emma: »Ich kann das (noch) nicht, aber ich werde daran arbeiten!« Sie strahlt Selbstvertrauen aus. Sie weiß jetzt, dass alles mit ihr in Ordnung kommen wird, und das sehen auch die Menschen in ihrer Umgebung so.

Schade ist nur, dass Emma trotz aller Entspannungsübungen immer noch nicht gut schlafen kann. Sie kann das nicht verstehen, denn eigentlich geht jetzt doch alles viel besser?

Schlafstörungen

Allgemein wird davon ausgegangen, dass viele Hochbegabte unter Schlafstörungen leiden, doch stimmt das überhaupt? Während von Menschen mit ADHS aus der Forschung bekannt ist, dass sie oft Schlafprobleme haben, liegen für die Gruppe der Hochbegabten noch keine fundierten Forschungsergebnisse zu diesem Thema vor.

Es wurde aber eine Studie in kleinerem Umfang erstellt, die bei 46 hochbegabten Erwachsenen untersuchte, wie sie schliefen (Moerman & Nauta, 2013). 48 Prozent dieser Menschen sagten, sie schliefen schlecht oder relativ schlecht, und 41 Prozent erklärten, ein Schlafproblem zu haben. (Der Durchschnitt in Untersuchungen zur Schlafqualität liegt bei 30 Prozent Menschen mit Schlafstörungen.) Dabei haben hochbegabte Frauen zweimal öfter ein Schlafproblem als Männer.

Als wichtige Ursache der Schlafprobleme wird meist angegeben, man könne »nicht aufhören zu denken«. Das braucht nicht unbedingt negativ zu sein, schließlich kann man dabei auch gute Ideen haben. Außerdem werden verschiedene medizinische Ursachen genannt wie etwa Apnoe (Atemstillstände) oder schmerzende Beine. Auch externe Reize wie Licht und Lärm können eine Rolle spielen.

Nun ist bekannt, dass sich in der Pubertät, in der sich viele Körperprozesse verändern, auch der Rhythmus des Melatonin-Stoffwechsels ziemlich plötzlich erheblich verschiebt. Die Melatonin-Erzeugung verlagert sich oft um bis zu zwei Stunden auf einen späteren Zeitpunkt. Das bedeutet, dass die Jugendlichen, bei denen dies der Fall ist, Einschlafprobleme bekommen. Die logische Folge sind dann wiederum Probleme beim Aufstehen (Strauch, 2014).

Das Melatonin spielt eine wichtige Rolle beim Schlafen. Melatonin wird abgegeben von der Hypophyse (Hirnanhangdrüse) und der Melatonin-Stoffwechsel verläuft in einem 24-Stunden-Rhythmus. Melatonin ist sehr wichtig für den Schlaf-wach-Rhythmus.

Wenn es dunkel wird, kommt die natürliche Melatonin-Erzeugung wieder in Gang. Für den Körper ist dies das Signal, die Tagesaktivitäten abzubauen und sich auf die Nacht vorzubereiten. Darum kann die Einnahme von Melatonin auch sehr wirksam sein, wenn jemand unter einem Jetlag leidet.

Als Erstes müssen Hochbegabte mit Schlafproblemen sich fragen, ob sie vielleicht einfach weniger Schlaf brauchen, als sie oder ihre Eltern glauben. Statt lange wach zu liegen, könnten Betroffene dann aufstehen und sich beschäftigen, dann lässt sich herausfinden, wie viel Schlaf sie wirklich brauchen. Am besten geht das natürlich in den Ferien beziehungsweise im Urlaub, wenn man nicht am nächsten Morgen fit sein muss.

Viele Befragte in der Studie zu Schlafstörungen bei Hochbegabten gaben auch selbst Lösungen und Tipps. Der bei Weitem häufigste Tipp lautete: »Ablenkung suchen.« Das Spektrum reichte von Lesen bis »irgendetwas mit den Händen tun«. Auch Meditieren oder ein entspannter Umgang mit dem Problem (Akzeptanz) wurden oft genannt. Viele Informationen und Ratschläge zu diesem Thema gibt es auch im Internet.

Wer trotz aller Versuche dennoch längere Zeit unter Schlafstörungen leidet, sollte dies mit seinem Hausarzt besprechen. Manchmal helfen einfache Mittel oder eine Überweisung an ein sogenanntes Schlafzentrum.

Emma hat sehr viel über Schlafstörungen gelesen und auch darüber in ihrem Blog geschrieben. Sie erhält wirklich nette Reaktionen, und ihre Leser tauschen Tipps untereinander aus. Einige hochbegabte Jugendliche konnten sich hier selbst wiedererkennen und wollen jetzt ausprobieren, wie viel Schlaf sie wirklich brauchen. Andere Jugendliche schrieben dagegen, sie bräuchten gerade sehr viel Schlaf. Sie fühlten sich oft so müde von allen Reizen und Eindrücken, dass sie problemlos einschliefen und acht oder neun Stunden später herrlich ausgeruht aufwachten.

Der Lerneffekt für Emma: Kein Mensch ist wie der andere, und den Menschen selbst muss die Gelegenheit geboten werden, herauszufinden, was für sie das Beste ist.

Im Rückblick

Emma

Im Versagensangst-Training bei Jolanda habe ich sehr viel über mich gelernt. Ich traue mich jetzt öfter, selbst Entscheidungen zu treffen. Ich nehme mein Leben selbst in die Hand, ohne alles erst mit meinen Eltern zu besprechen. Ich übernehme jetzt immer mehr Verantwortung. Ich bin mir besser meiner selbst bewusst geworden. Manchmal spiele ich mit dem Gedanken, ein Buch über mein eigenes Leben zu schreiben ... das könnte übrigens ein interessantes Buch werden. Fast täglich schreibe ich etwas in meinem Blog. Und jede Woche nehme ich mir kurz Zeit für die Frage: Bin ich jetzt auf dem richtigen Weg oder muss ich etwas ändern?

Ich habe nicht mehr ganz so oft das belastende Gefühl, unter Leistungsdruck zu stehen – ich glaube, das hatte seine Ursache darin, dass ich mich beweisen wollte. Durch meinen Blog, in dem ich ganz bewusst auch meine Erfolgsmomente beschreibe, weiß ich: Das ist gar nicht (mehr) nötig.

Emmas Mutter

Es war ein langer, schwerer Weg. Jetzt sehen wir es viel stärker als Herausforderung, Emma zu erziehen und zu begleiten. Ihr Weg hat Emma auch so manche Träne gekostet, aber mittlerweile nehmen wir unsere Tochter als erwachsene junge Frau wahr, die so selbstsicher ist, dass sie ihr Leben selbst ausgestalten will. Als Eltern müssen wir uns ständig überlegen, ob wir uns trauen, unsere Tochter loszulassen, und ob wir das dann auch schaffen können. Wir müssen ihr die Verantwortung überlassen für alles, was sie selbst kann. Auch die Frage, wer wann und wo verantwortlich ist und welche Rolle wir Emma selbst bei der Gestaltung ihrer eigenen Entwicklungsperspektive geben, beschäftigt besonders mich noch täglich.

Wir wollen von Emmas Möglichkeiten ausgehen. Das geht weit hinaus über die Hochbegabung, die für Emma in den Tests festgestellt wurde. Im Grunde geht es nämlich um Emmas tiefere Qualitäten. Genau diese Qualitäten werden es ihr ermöglichen, sich in unserer heutigen Gesellschaft zu behaupten. Nur indem wir ihr Sicherheit und Vertrauen bieten und indem wir ihr wirklich zuhören, können wir mit Emma auf ihrem Weg mitgehen und sie in ihrer Entwicklung begleiten.

Emmas Betreuerin

Es war schön, mit Emma zusammenzuarbeiten. Wir haben uns gegenseitig viel gegeben. Ich konnte Emma dabei helfen, das Beste aus sich selbst herauszuholen, ohne dabei immer die Beste zu sein (oder sein zu wollen). Die Gespräche mit ihren Eltern waren wirklich offen und außergewöhnlich, wir haben uns über vieles ausgetauscht. Wie leicht lässt man sich doch dazu verführen, Kinder überschwänglich zu loben, wenn sie eine tolle Leistung erbracht haben. Gerade wenn alles leicht geht, will man ihnen vermitteln, wie schlau oder intelligent und talentiert sie sind.

Das geschieht auch in der Schule: Wenn ein Kind oder ein Schüler etwas ganz schnell und leicht getan hat, und das Ergebnis ist toll, liegt es allzu nahe, es für seine Intelligenz zu loben – auch wenn es sich überhaupt nicht anzustrengen brauchte. Müssten wir uns dann nicht eigentlich bei dem Schüler dafür entschuldigen, dass wir seine Zeit verschwendet haben? Schließlich haben wir ihm Lehrstoff angeboten, der das Kind offensichtlich unterforderte, sodass es nichts gelernt hat. Eigentlich sollten wir Kindern nicht beibringen, auf Leistungen stolz zu sein, für die sie sich gar keine Mühe zu geben brauchten.

Tipps für Eltern

Loben Sie Ihr Kind zurückhaltend. Loben Sie es nicht so sehr für die erzielte Leistung, sondern dafür, wie es gedacht hat.

Nehmen Sie Ihrem Kind schon von klein auf keine Aufgaben ab, die es schon selbst bewältigen kann. Dadurch vermeiden Sie eine angelernte Hilflosigkeit.

Helfen Sie Ihrem Kind, damit zufrieden zu sein, wofür es sein Bestes gegeben hat. Stellen Sie also keine Vergleiche mit den Leistungen anderer Kinder an.

Lesen Sie mit ihrem Kind Biografien von berühmten Menschen. Zeigen Sie ihm, dass diese auch Fehler gemacht haben – und dass das gar nicht so schlimm ist, weil man daraus lernen kann.

Bringen Sie Ihrem Kind bei, Fehler zu relativieren. Und gehen Sie selbst mit gutem Beispiel voran!

Vielen Kindern tut es sehr gut, sich sportlich zu betätigen. Beim Sport können sie lernen, Fehler zu machen, und Teamgeist entwickeln.

Tipps für Lehrkräfte

Sorgen Sie für Lehrstoff auf dem richtigen Niveau: Ein gutes Ergebnis bei ausreichender Anstrengung sorgt dafür, dass das Kind mehr Selbstvertrauen entwickelt. (Hoch-)Begabte Schüler empfinden es nicht als positiv, wenn sie gute Ergebnisse erzielen, ohne dass sie sich Mühe zu geben brauchten. Wird ihnen Lehrstoff auf dem richtigen Niveau gegeben, wird ihre Konzentrationsfähigkeit besser entwickelt. Außerdem erhält das Kind die Gelegenheit, sich Arbeits- und Lernstrategien anzueignen. So sinkt die Gefahr, dass das Kind immer perfektionistischer wird.

Untersuchen Sie, ob begabte Schüler mit Versagensangst die Fähigkeiten, das eigene Denken und Handeln zu beeinflussen, benutzen:

- ~ Aufgaben-Analyse (Was wird von mir erwartet?)
- ~ Aktivieren der Vorkenntnisse (Was weiß ich schon?)
- ~ Formulierung von Zielen (Was muss ich erreichen?)
- ~ Planen (Wie nehme ich diese Aufgabe in Angriff? Wie viel Zeit habe ich dafür?)
- ~ Überwachung des Plans (Bin ich noch auf dem richtigen Weg?)
- ~ Selbstbeurteilung (Habe ich mein Ziel erreicht?)
- ~ Reflexion (Überdenken und Zurückblicken: Was habe ich daraus gelernt, und wie kann ich das beim nächsten Mal nutzen?)

Wie die Forschung gezeigt hat, entwickeln sich die letzten beiden Fähigkeiten erst ab dem Alter von 14 Jahren, sie lassen sich aber trainieren.

Bei Kindern mit einem Vorsprung können diese Fähigkeiten völlig fehlen, denn das Kind hatte sie vielleicht noch nicht wirklich nötig und hat sie darum nicht entwickelt, das heißt, es muss sie erlernen. Manche dieser Kinder besitzen sie zwar, setzen sie aber nicht um – die Versagensangst schlägt zu. Sie denken immer wieder: »Ich kann das einfach nicht!« Während der Ausübung einer Aufgabe kann das Kind durch Tipps oder Gedächtnisstützen an die Fähigkeiten erinnert werden.

JULIAN

3. »Am liebsten würde ich gar nicht mehr zur Schule gehen.«

Julian ist 17 Jahre alt und geht jetzt in die Abiturklasse. Mit vier Jahren besuchte er die Vorschule, wo er überhaupt nicht gerne hinging, er hasste es richtig. Seine Mutter erzählte ihm später, dass sein Lehrerin glaubte, er hätte vielleicht ADHS: Beim Morgenkreis lümmelte er meistens halb über einem anderen Kind oder störte auf andere Weise. Nur selten tat er das, was die Lehrerin von ihm verlangte, oder er tat es auf seine eigene Weise: Eine Aufgabe war etwa, auf schwarzem Papier mit einem weißen Stift Kreise, Vierecke und Dreiecke nachzuziehen, sodass ein Schloss entstand. Anschließend sollten die Kinder die dazu passenden Aufkleber suchen und in die richtige Fläche aufkleben. Julian war das zu langweilig. Er holte sich ein großes Blatt lila Papier aus dem Schrank und zeichnete ein ganzes Schloss, komplett mit Zugbrücke, Fackeln und Zinnen. Nur hatte er damit leider den Auftrag verfehlt, fand die Lehrerin.

Als Julian vier Jahre alt war, wurde seine kleine Schwester geboren. Schon bald fühlte er sich sehr stark für sie verantwortlich. Das war charakteristisch für ihn (und ist es heute noch): Wenn sie das Haus verließen, fragte er, ob Gasherd und Licht abgeschaltet waren. Übrigens blieb er auch gern allein zu Hause, wollte gar nicht unbedingt immer mitgehen zum Einkaufen und konnte sich dann auch gut selbst beschäftigen. Besonders gern baute er dann mit Lego-Steinen, meistens so, wie die Bauanleitung im Karton aussah; er bewahrte auch alle Bauanleitungen auf und ging sehr vorsichtig mit seinem Spielzeug um.

Fehl- und Doppeldiagnosen

Es kommt öfter vor, dass Hochbegabten auch die Diagnose ADHS, ASS (Autismus-Spektrum-Störungen) und/oder Legasthenie gestellt wird. In diesem Kapitel soll besonders auf die Kombination von Hochbegabung und ADHS eingegangen werden. In Kapitel 11 beschäftigen wir uns dann ausführlich mit Hochbegabung und ASS.

Oft wird intensiv auf die mutmaßliche Verhaltensauffälligkeit eingegangen, wodurch die Hochbegabung viel weniger Beachtung findet. Lehrkräfte und Hilfsberufe kennen sich häufig nicht so gut mit Hochbegabung aus. Darum neigen sie bei Verhalten, das sie sich nicht erklären können, eher dazu, an andere Ursachen zu denken. Als Folge führt natürlich eine Begleitung, die auf einer solchen Fehldiagnose aufgebaut ist, nicht zu den erwarteten Ergebnissen.

Die Kenntnisse über Hochbegabung befinden sich ständig in Entwicklung, Theorien und Modelle werden fortlaufend korrigiert und ergänzt. Darum scheint es selbstverständlich, dass Menschen, die beruflich Hochbegabte (aller Altersgruppen!) betreuen, über die Merkmale und Persönlichkeitseigenschaften informiert sein müssten, die mit Hochbegabung zusammenhängen. Solche Kenntnisse sind einfach unverzichtbar, um Fehldiagnosen zu vermeiden.

James Webb und seine Kollegen veröffentlichten 2015 ein Buch, in dem sie auf eine Reihe solcher Fehldiagnosen eingingen. Es basiert auf Beobachtungen bei Hochbegabten, mit dem Schwerpunkt auf hochbegabten Kindern. Auf diesem Gebiet liegen noch zu wenig gut konzipierte wissenschaftliche Forschungsarbeiten vor.

ADHS

Es ist wahrscheinlich allgemein bekannt, dass Menschen, die unter ADHS leiden, hyperaktiv sind und sich oft nicht richtig konzentrieren können. Es gibt jedoch auch Formen, bei denen die Unruhe nach außen hin nicht sichtbar ist. Zudem leidet bestimmt auch nicht jeder, der ein überaktives Verhalten zeigt, unter ADHS.

Es muss eine genau festgelegte Reihe von Merkmalen vorliegen, damit von ADHS gesprochen werden kann. Dies wird nach internationalen Vereinbarungen als DSM-IV-Diagnose bezeichnet. ADHS kann nur von Experten diagnostiziert werden, die sich darauf spezialisiert haben (was natürlich auch für andere medizinische und psychiatrische Diagnosen gilt). Anders ausgedrückt: Lehrer oder Hausärzte können zwar eine Untersuchung anregen, sollten die eigentliche Diagnose aber den Sachverständigen überlassen.

Obwohl ADHS gelegentlich auch zusammen mit Hochbegabung auftritt, kommt es ziemlich oft vor, dass Hochbegabten fälschlich diese Diagnose gestellt wird. Die Symptome eines unausgeglichenen Hochbegabten können nämlich durchaus eine gewisse Ähnlichkeit mit ADHS aufweisen. Hyperaktives und unkonzentriertes Verhalten, oppositionelles Verhalten, unangepasstes/unerwünschtes Verhalten, zurückgezogenes Verhalten oder schlechte Leistungen auf einem bestimmten Gebiet sind Anzeichen, bei denen zunächst leicht an ADHS gedacht wird.

Bei der Erstellung einer Diagnose darf es sich aber nicht um eine Momentaufnahme handeln. Es geht vielmehr um einen kontinuierlichen Prozess, bei dem sich Betreuer beziehungsweise Lehrkräfte immer wieder zusammen mit dem jeweiligen Schüler die Frage stellen, ob sie sich gemeinsam auf dem richtigen Weg befinden. Indem sie mit dem Kind (statt über das Kind) reden, können dessen Bedürfnisse besser erkannt werden. So kann die Betreuung genauer darauf abgestimmt werden, was das Kind selbst zum Ausdruck bringt.

Julian konnte nie längere Zeit an einer Aufgabe ruhig arbeiten. Er war immer sofort dabei, wenn in der Klasse etwas los war, darum wurde nichts fertig. Er hatte wenige Freunde und wurde nicht zu Feiern eingeladen. Hatte er sich mit anderen Kindern nach der Schule zum Spielen verabredet, dachten seine Mitschüler häufig nicht mehr daran. Dann war er oft enorm frustriert und enttäuscht. Fast täglich ließ er den Kopf hängen, wenn er aus der Schule nach Hause kam. Inzwischen hatte die Schule beschlossen, den schulpsychologischen Dienst hinzuzuziehen und Julian untersuchen zu lassen.

Wie diese Untersuchung zeigte, hatte Julian einen ziemlichen Entwicklungsvorsprung: Er war völlig unterfordert. Die Eltern zogen außerdem einen Heilpraktiker zurate. Dieser stellte eine mögliche Zuckerintoleranz fest (Julian trank recht viele süße Getränke). Später besuchte Julian noch zwei Psychologen: Der erste Psychologe äußerte Zweifel an den Anzeichen für ADHS und verordnete homöopathische Tropfen, ohne dass daraufhin eine deutliche Besserung bemerkbar war. Der andere Psychologe diagnostizierte Probleme im Bereich der Lateralisierung (das ist die Phase der neuromotorischen Entwicklung, in der sich die Dominanz bzw. Spezialisierung der linken oder rechten Gehirnhälfte entwickelt). Julian erhielt sogenannte Braingym-Übungen. Diese Methode, die speziell für Kinder entwickelt wurde, dient dem Zweck, die beiden Gehirnhälften zum besseren Zusammenwirken zu aktivieren (Edukinesiologie). Julian ging gern zum Psychologen, die Lernspiele machten ihm Spaß. Er nahm dort auch an einem Gruppentraining teil.

Weil in der Schule niemand voll und ganz hinter der Diagnose Hochbegabung stand (bei der Untersuchung der Schulreife hatte Julian ziemlich schlecht abgeschnitten), beschlossen seine Eltern, die Schule zu wechseln. Auf Empfehlung des Sonderpädagogen, der Julian untersucht hatte, wählten seine Eltern eine Grundschule, die sich am Konzept der Dalton-Pädagogik orientierte.

In der 1. Klasse lernte Julian lesen (wogegen er sich anfänglich sehr sträubte), er kritzelte und zeichnete auf alle Arbeitshefte schwarze Flugzeuge mit Bombenwerfern und Ähnliches. Aber schon bald las er alles, was ihm in die Hände fiel: die Bedienungsanleitung der Bohrmaschine, Harry Potter, Tolkien und vieles mehr. In der Klasse hatte er zwar immer noch Konzentrationsschwierigkeiten, aber seine Leistungen waren jetzt in Ordnung. Es fiel ihm sehr schwer, Rückschläge wegzustecken, er wurde auch regelmäßig wütend.

In der 2. Klasse hatte er einen häufigen Lehrerwechsel, damit konnte er schlecht umgehen. In der 3. und 4. Klasse gab es viel Gelegenheit zum selbstständigen Arbeiten, diese Zeit gefiel Julian sehr gut. Die Schule machte ihm Spaß, die Fächer waren leicht, nur leider nicht so interessant. Außerdem wurde zu viel wiederholt, was ihn dann ärgerte. Er hatte seine Arbeit immer fertig, nicht, weil er davon viel lernte, sondern weil er sonst nachsitzen musste. In der letzten Klasse der Grundschule hatte er wenige Freunde. Es gab auch regelmäßig Vorfälle, bei denen Julian sich oft als Opfer fühlte. Er wurde nun von seiner Mutter als Lehrkraft unterrichtet, was für beide nicht immer leicht war. Trotzdem durfte Julian von der Grundschule in das Gymnasium wechseln.

Julian hielt sich selbst für einen normalen Jungen, sagte, dass er auch schon mal einiges wegstecken könnte, er litt aber häufig unter Kopfschmerzen, wie hin und wieder auch heute noch. In der 1. Klasse der weiterführenden Schule arbeitete er hart, seine Eltern unterstützten ihn, indem sie ihn zum Beispiel häufig abhörten. Er wurde problemlos zum altsprachlichen Zweig zugelassen. Das wollte er auch sehr gern; allerdings nur deshalb, wie sich später herausstellte, weil er bestimmte Mitschüler »loswerden« wollte. Dort lief es dann nicht auf ganzer Linie gut. Besonders der Griechisch- und der Lateinunterricht wurden ein großes Problem: Er übersetzte zu wörtlich, und das war falsch. Also dachte er sich dann einfach selbst etwas aus – und das war natürlich auch falsch.

Julian erinnert sich an seine Schulerfahrungen ab der 2. Klasse des Gymnasiums

In der Schule mussten wir so vieles tun, wobei ich gar nichts mehr lernte! Ich kann mir noch vorstellen, dass es sinnvoll ist, ein Logbuch zu führen. Aber einen Bericht über etwas schreiben, was ich schon restlos begriffen habe, finde ich wirklich Zeitverschwendung. Eigentlich finde ich die Schule auch nicht so wichtig. Ich sehe sie mehr als den Weg, den man eben gehen muss, um sich auf sein späteres Berufsleben vorzubereiten.

Ich ging nicht gern zur Schule, aber einige Lehrer mochte ich ganz gern. Bei manchen Lehrern hatte ich das Gefühl, dass sie mir wirklich zuhörten, dann redeten wir nicht nur über die Schule, sondern auch über gemeinsame Interessen. Bei anderen hatte ich das Gefühl, dass sie mich aufgrund meiner (Arbeits-)Haltung beurteilen. Sie sagten immer wieder, ich müsste mich endlich auf den Hosenboden setzen. Ich weiß, dass ich nicht immer ein fröhliches Gesicht habe, aber ich bin nicht depressiv oder uninteressiert.

Manche Lehrkräfte haben nie verstanden, dass es mir sehr schwerfiel (und immer noch fällt), um Hilfe zu bitten. Das tat ich vor allem dann auf gar keinen Fall, wenn die ganze Klasse dabei war. Und dann gab es auch noch den Lehrer, der mit seiner Gitarre dazukam, wenn wir mit unserer Band probten – zusammen waren wir schon fast bühnenreif! Ich habe sogar noch einen guten Röhrenverstärker von ihm übernommen.

Mit einigen meiner Mitschüler habe ich noch Kontakt, aber wenn ich dazugehören will, muss ich mich anpassen. Ich habe nicht so viel Lust, mich beliebt zu machen. Wenn ich mich anpasse, muss ich mich selbst verstecken. Dann kann ich nicht zeigen, wer ich wirklich bin. Das halte ich nicht lange aus und das will ich auch gar nicht. Es ist mir ziemlich egal, welche Kleidungsmarke jemand trägt, welche Schulbildung er hat und ob es ein Junge oder ein Mädchen ist.

Julian wechselte nach der 6. Klasse in den neusprachlichen Zweig. Dort bekam er einen anderen Klassenlehrer, mit dem er sich nicht so gut verstand wie mit dessen Vorgänger in der vorigen Klasse. Die Schule zeigte sich regelmäßig besorgt über seine Fortschritte. Darum erhielt er in erster Linie kognitive Unterstützung in den Dalton-Förderstunden. In der 10. Klasse des Gymnasiums zeigte Julian Leistungen, die weit unter seinen Fähigkeiten lagen. Seine Leistungsmotivation war sehr schlecht, auch seine Arbeits- und Lernstrategien waren mangelhaft. Sollte es so weitergehen, bestand die Gefahr, dass Julian die Schule ohne Abschluss verlassen musste.

Wie könnte Julian lernen, wieder selbst die Verantwortung für seinen eigenen Lernprozess zu übernehmen? Und welche Rolle können Eltern und Schule dabei spielen?

Profile von hochbegabten Schülern

Betrachten wir die möglichen Persönlichkeitsmerkmale und die Weise, in der sich eine Hochbegabung manifestieren kann, so stellen wir fest, dass es unter den Hochbegabten auch sogenannte Minderleister gibt. Betts & Neihart (1988; 2010) beschreiben 6 Profile:

~ der erfolgreiche Schüler (»successful«)
~ der herausfordernde Schüler (»challenging«)
~ der Schüler, der »abtaucht« (»underground«)
~ der Schüler, der »aussteigt« (»drop-out«)
~ der Schüler mit zwei Besonderheiten (»double-labelled«)
~ der selbstständige Schüler (»autonomous«)

Diese Profile können Lehrkräften und Eltern dabei helfen, sich gezielt und kohärent mit den Gefühlen, dem Verhalten und den Bedürfnissen von (hoch)begabten Schülern auseinanderzusetzen.

Betts und Neihart gehen davon aus, dass begabte Kinder häufig als eine undifferenzierte Gruppe beschrieben werden. Und wenn differenziert wird, wird auf unterschiedliche Möglichkeiten, Talente und Interessen abgezielt. Nach Ansicht dieser Verfasser muss dagegen von einem Gesamtbild ausgegangen werden, in dem sowohl das Verhalten als auch Gefühle und Bedürfnisse erfasst werden. Betts und Neihart halten es für erforderlich, bei der Betreuung von hochbegabten Schülern auch die Bedürfnisse des Schülers auf kognitivem, sozialem und emotionalem Gebiet einzubeziehen. Diese Gliederung ist dynamisch: Durch Entwicklung und Wachstum einerseits, aber auch durch Behinderungen und Stagnation andererseits können sich andere Merkmale beziehungsweise Verhaltensweisen manifestieren.

Betrachten wir Julians Geschichte, stimmen seine Persönlichkeitsmerkmale und sein Verhalten wohl am meisten mit dem Profil des »aussteigenden« Schülers überein, obwohl wir auch Merkmale des herausfordernden Schülers erkennen. Weil er dazu neigte, alles aufzuschieben, war er oft im Stress. Er hatte Schwierigkeiten, seine Arbeit zu planen und zu organisieren. Auch zweifelte er oft, wie er etwas am besten in Angriff nehmen konnte.

In der 11. Klasse entstanden bei Julian vermutlich die ersten echten Wissenslücken. Bei der Versetzung von der 11. in die 12. Klasse musste er Extraaufgaben erledigen. Seine Eltern schlugen Nachhilfeunterricht vor, der hin und wieder auch in den Sommerferien stattfinden konnte. Darüber wurde Julian sehr wütend.

Julian war deutlich – mit wechselndem Erfolg – damit beschäftigt, den Übergang in das Erwachsenenleben zu bewältigen. In diesem Rahmen wollen wir den Begriff der »exekutiven Funktionen« besprechen.

Exekutive Funktionen

In der Entwicklung zum Erwachsenen durchlaufen wir tief greifende körperliche Veränderungen, die unter anderem hormonell gesteuert werden. Außerdem entstehen Veränderungen in unseren kognitiven Fähigkeiten, also unserer »Denkfähigkeit«. Diese Änderungen spielen natürlich auch ein Rolle für die schulischen Leistungen.

Die Entwicklung dieser Fähigkeiten erstreckt sich zu einem großen Teil auf Änderungen der sogenannten exekutiven Fähigkeiten. Darunter werden die »ausführenden« Funktionen verstanden, die eine wichtige Rolle spielen, wenn es darum geht, ein komplexes und gezieltes Verhalten zu organisieren und auszuführen. Dazu zählen zum Beispiel das Abspeichern von Informationen, die Fähigkeit, flexibel zwischen verschiedenen Regeln hin und her zu wechseln und die Fähigkeit, seine Handlungen rechtzeitig zu beenden. Auf dieser Grundlage kann man strategisch denken, rationale Entscheidungen treffen und sich darauf fokussieren, was wichtig ist.

Was wird unter exekutiven Funktionen verstanden?

Die exekutiven Funktionen werden betrachtet als eine Reihe psychologischer Prozesse einer höheren kognitiven Ordnung, die vom präfrontalen Cortex, einem Teil des Frontallappens der Großhirnrinde, gesteuert werden.

Diese psychologischen Prozesse greifen ineinander und ermöglichen dadurch die Fähigkeit zur Problemlösung. Die Prozesse laufen einerseits im Bereich der metakognitiven Fähigkeiten, wie zum Beispiel abstrakte Problemlösung und Arbeitsgedächtnis, ab und dienen andererseits als ein Mechanismus, der zur Verarbeitung sozialer Informationen benutzt wird. Dawson & Guare (2011) nennen die folgenden exekutiven Funktionen:

- die Fähigkeit, sein Verhalten zu kontrollieren und zu beenden (Inhibition)
- die Fähigkeit, sein Verhalten ändern zu können (kognitive Flexibilität)
- die Fähigkeit, sich Informationen während der Ausführung eines Auftrags vorübergehend merken zu können (Arbeitsgedächtnis)
- die Fähigkeit, sich mehrere verschiedene Strategien ausdenken zu können (Gewandtheit)
- die Fähigkeit, sein Verhalten zu planen und zu organisieren

Die Entwicklung der von Dawson und Guare (2011) beschriebenen Fähigkeiten sind nacheinander: Reaktionsinhibition, Arbeitsgedächtnis, Emotionsregulierung, anhaltende Aufmerksamkeit, Aufgabeninitiierung, Planung/Priorisierung, Organisation, Zeitmanagement, zielführendes Verhalten, Flexibilität und Metakognition.

Wie kann man seine exekutiven Funktionen verstärken?

In ihrem Buch »Schlau, aber …« beschreiben Dawson & Guare, wie Kinder ihre Talente besser nutzen können, indem sie ihre exekutiven Funktionen verstärken.

Ein Beispiel: Elsa ist eine intelligente 13-jährige Schülerin. Wenn sie aus der Schule kommt, holt sie sich etwas zu trinken und unterhält sich ein bisschen mit ihrem Vater, der oft zu Hause arbeitet. Danach geht sie in ihr Zimmer, um mit den Hausaufgaben anzufangen. Dort fängt sie aber erst noch an, ein Computerspiel zu spielen. Bevor sie überhaupt gemerkt hat, wie die Zeit vergeht, wird sie schon zum Essen gerufen: Es ist bereits anderthalb Stunden später und sie hat überhaupt noch nichts getan – von den schwierigen Hausaufgaben für Französisch ganz zu schweigen. Elsa ärgert sich über sich selbst, sie kommt mürrisch zum Essen.

Die Initiierung von Aufgaben (also sich ohne Aufschub und effizient an die Arbeit machen) bezieht sich nicht auf Dinge, die Elsa sowieso gern tun will, sondern gerade auf die Aufgaben, die sie schwierig oder langweilig findet – die sie also Überwindung kosten. Ihre Eltern reden mit Elsa darüber. Sie glauben, dass dieses Problem noch größer werden wird, je mehr Hausaufgaben sie erledigen muss. Sie schlagen einen Plan vor, natürlich nur unter der Voraussetzung, dass Elsa selbst damit einverstanden ist. Zunächst reagiert Elsa gereizt: Eigentlich will sie nicht, dass ihre Eltern ihr da hineinreden. Aber nachdem sie darüber nachgedacht hat, sagt sie am nächsten Tag beim Frühstück, dass sie eigentlich auch gerne das mulmige Gefühl loswerden will. Gemeinsam erstellen Elsa und ihre Eltern einen Handlungsplan:

Bestimmung des erwünschten Verhaltens

Exekutive Funktion: Initiierung von Aufgaben

Erwünschtes Verhalten: Nachdem eine vorher verabredete Zeit, in der sie trinken und sich unterhalten kann, vorbei ist, fängt Elsa nach einer Erinnerung mit den Hausaufgaben an und beginnt dabei mit der schwierigsten Aufgabe.

Intervention

Welche Unterstützung aus ihrer Umgebung kann Elsa dabei helfen, das erwünschte Verhalten zu erreichen?

~ Elsa benutzt eine Eieruhr. Wenn die Uhr abläuft, muss sie mit den Hausaufgaben anfangen.

~ Ihr Vater fragt kurz nach, was sie tun muss. Dabei erinnert er sie an die Verabredung: mit dem schwierigsten Teil anzufangen.

Welche spezifische Fähigkeit lernt sie, wer bringt ihr dies bei und wie nehmen sie das in Angriff?

~ Fähigkeit: mit den Hausaufgaben beginnen.

~ Wer bringt ihr diese Fähigkeit bei? Elsas Eltern.

Arbeitsweise:

~ Elsa erzählt ihrem Vater, an welchen Fächern sie arbeiten muss und welches Fach ihr am schwersten fällt.
~ Elsa entscheidet selbst, wie viel Zeit sie sich zum Trinken und Reden (30 Min.) nehmen will, und stellt selbst die Eieruhr ein.
~ Elsa sucht mit ihrer Mutter eine lustige Eieruhr aus.
~ Wenn die Eieruhr abläuft, fängt Elsa sofort mit den Hausaufgaben an.
~ Wenn Elsa nicht sofort mit den Hausaufgaben anfängt, muss sie drei Tage auf das iPad verzichten, sie legt es dann solange in das Arbeitszimmer ihres Vaters.

Welche Belohnungen sollen Elsa dazu motivieren, diese Fähigkeit zu benutzen/zu trainieren?

~ Sie wird nicht mehr unter dem mulmigen Gefühl leiden.
~ Elsa darf am Wochenende eine Stunde länger auf dem iPad spielen usw.

Das sind die Schlüssel zum Erfolg

~ standhaft bleiben, ganz besonders am Anfang.
~ nicht zögern zu motivieren und den Plan wieder aufzugreifen, wenn die Verabredungen über einen längeren Zeitraum, z. B. einen Monat, nicht mehr eingehalten werden.
~ Sollte es erforderlich sein, ständig zu motivieren, können andere Lieblingstätigkeiten verboten werden.

Zurück zu Julian: Seine Versetzung von der 11. in die 12. Klasse der weiterführenden Schule war vielleicht ein bisschen optimistisch. Die Schule hatte diese Entscheidung in der Hoffnung getroffen, dass er sich endlich ernsthaft an die Arbeit machen würde, wenn das Abitur wirklich näher rückt, und entwarf zusammen mit Julian ein angepasstes Programm. Nach regelmäßigen

Gesprächen mit dem Klassenlehrer und manchmal auch mit den Lehrkräften für Mathematik, Wirtschaft und Physik konnten seine Eltern immer besser Julians eigene Entscheidung respektieren: Er wollte das Abitur machen, aber auf seine eigene Weise. Dass die Schule ihn dabei bedingungslos unterstützte, verstärkte sein Selbstvertrauen. Das Betreuungsangebot für Julian müsste in seinem Fall entsprechend der oben erwähnten Gliederung von Betts & Neihart ausgerichtet werden auf nicht traditionelle Lernfähigkeiten, Vertiefung, eine individuelle Betreuung durch einen Klassenlehrer und nicht traditionelle Lernerfahrungen außerhalb der Schulklasse. Von der Schule wurde diese Betreuung größtenteils geboten: In der Abiturklasse durfte er ein einwöchiges Praktikum in einem Musikgeschäft absolvieren. Der Eigentümer des Geschäfts half ihm dann, eine elektrische Gitarre zu bauen: sein Abitur-Abschlussprojekt im Leistungskurs Technik.

Bei der Klassenlehrerin

Am Ende der 12. Klasse schlug seine damalige Klassenlehrerin, Marion König, vor, Julian von der Schule aus eine besondere Betreuung für Mathematik und Physik anzubieten. Dies sollte ein Betreuer übernehmen. Die Klassenlehrerin vereinbarte einen Termin mit einem Betreuer. Die Schule hatte schon die Erfahrung gemacht, dass dieser Betreuer viel Verständnis dafür hatte, wenn Schüler mit sich selbst kämpften, aber auch mit schulischen Angelegenheiten.

Julian führte gemeinsam mit der Klassenlehrerin und seiner Mutter ein Erstgespräch. Er erzählte zwar viel über sich selbst, wirkte dabei aber nicht gerade entspannt. Er hatte ständig das Gefühl, von allen Seiten unter Leistungsdruck gesetzt zu werden, sowohl von den Eltern als auch von der Schule. Er erklärte, er wolle vielleicht an der Universität Elektrotechnik studieren, aber nicht sofort nach dem Abitur (»Dann habe ich ja schon vierzehn von meinen achtzehn Lebensjahren in der Schule verbracht!«).

Beim Betreuer

Zunächst besprach der Betreuer mit Julian die Hausaufgaben für Mathematik und Physik. Dabei ging er von dem Prinzip aus, Julian selbst erklären zu lassen, was er schon wusste, um auf diese Weise herauszufinden, wo noch Lücken waren. Julian und der Betreuer verstanden sich gut, sie hatten auch gemeinsame Interessen, wie etwa bestimmte Musikgenres. Zwar führte die Betreuung noch nicht zu den erhofften besseren schulischen Leistungen, aber Julian wurde deutlich lockerer. Zwischendurch hatte der Betreuer auch mehrere Male kurz Kontakt mit Julians Eltern, und dabei besprachen sie, wie es Julian ging und ob die Eltern gern ein ausführliches Gespräch vereinbaren wollten. Die Eltern überließen diese Entscheidung Julian selbst. Julian meinte dazu, ihm sei es sehr unangenehm, wenn über ihn gesprochen würde – egal, ob er selbst dabei wäre oder nicht. Seine Eltern respektierten das. Julian erzählte nun gelegentlich zu Hause etwas über die Fortschritte bei den Betreuungsgesprächen. Die Gesprächstermine mit dem Betreuer vereinbarte er auch immer selbst.

Die Klassenlehrerin Marion König erzählt aus der Sitzung des Kollegiums:

Julian ist ein ziemlich sensibler Junge. Von meinen Kollegen höre ich manchmal, dass sie ihn nicht richtig einschätzen können. Sie machen sich Sorgen um seine Leistungen und nehmen ihn als einen recht zurückgezogenen Jungen wahr. Ich selbst sehe, dass Julian in der Schule wohl öfter Kontakt mit Lehrkräften als mit seinen Mitschülern sucht. Von seinen Eltern hörte ich, dass er durchaus einen Freundeskreis hat, meist gleichaltrige Jugendliche, die in seiner Nähe wohnen, er kennt sie z. B. von seinem Nebenjob. Er hat übrigens auch Freunde in der Schule, mit denen er regelmäßig in einer Band übt; sie treten auch bei den Konzerten für Nachwuchstalente auf, die die Schule jedes Jahr organisiert. Natürlich mache ich mir genau wie seine Eltern und meine Kollegen manchmal Sorgen über die Leistungen von Julian. Im Vordergrund steht aber sein persönliches Wohlergehen: Fühlt er sich zu Hause und in der Schule wohl, ist er zufrieden mit sich selbst? Im letzten Gespräch, das ich mit seiner Mutter und Julian geführt haben, sagte er, er glaube schon, dass er sein Abitur schaffen könne. Er nannte auch Beispiele, wie er seine Arbeit jetzt in Angriff nimmt. Auch das veränderte Verhalten seiner Eltern kam zur Sprache. Ich stellte ihm die Frage, ob er mit dem geplanten Ausflug der Klasse mitfahre, und sagte ihm auch, dass ich mich wirklich freuen würde, wenn er dabei wäre. Bei solchen Gesprächen sehe ich übrigens einen völlig anderen Jungen: recht offen, freundlich, gesprächig. Ich bin gespannt, was er nach dem Abitur vorhat, wenn er nicht sofort studieren will – wenn wir mal davon ausgehen, dass er das Abitur (gerade so) schafft.

Lehrkräfte im Sekundarunterricht

Wie gut ein Schüler sich entwickelt, hängt auch zu einem erheblichen Teil von den Möglichkeiten ab, die eine Lehrkraft bietet. In der Sekundarstufe hat ein Schüler oft mehr als zehn Lehrer. Diese bilden bewusst oder unbewusst eine Einheit, wobei sie gegenseitig ihre Vorbildfunktion verstärken, aber auch infrage stellen können. Dieser Pluralismus hat viele Vorteile, besonders dann, wenn die Beteiligten gut mit Unterschieden umgehen können und wenn man daran gewöhnt ist, sich untereinander abzustimmen und zu ergänzen, sich gegenseitig Feedback zu erteilen und zusammenzuarbeiten. Der Grad, in dem die Lehrkräfte gegenseitig ihre Stärken nutzen und ihre Schwächen ausgleichen, ist sehr wichtig für die Qualität des Schulklimas.

Wie Croft (2003) feststellt, ist das, was für den durchschnittlichen Schüler erforderlich und ausreichend ist, für hochbegabte Schüler zwar ebenfalls erforderlich, aber zugleich noch nicht ausreichend. Methoden, die auf unterschiedliche Lernstile oder

Interessen eingehen, sind für alle Schüler günstig, also auch für Hochbegabte. Dies gilt besonders für Unterrichtsmethoden, die Kreativität und problemlösendes Lernen fördern.

Speziell für den Unterricht für hochbegabte Schüler hält sie besonders die folgenden Punkte für sehr wichtig:

- Beschleunigung
- Differenzierung nach Niveaus, wodurch auch höhere Denkfähigkeiten in Anspruch genommen werden
- Arbeiten über die gesamte Breite des jeweiligen Fachs
- ein Ansatz, der über die einzelnen Fächer (und ggf. sogar die jeweilige Klasse oder den jeweiligen Jahrgang) hinausgeht

Mindestens genauso wichtig ist jedoch, dass die Lehrkraft darauf achtet, dass eine konstruktive Interaktion zwischen hochbegabten und anderen Schülern in Gang kommt (und auch in Gang gehalten wird): das sogenannte kooperative Lernen (Cooperative Learning).

Sicherlich ist jede gute Lehrkraft begeisterungsfähig und inspirierend, interessiert, diplomatisch, flexibel und tolerant, sie verfügt über ein Spektrum verschiedener Differenzierungstechniken und Lernstilvarianten, aber für den Unterricht mit hochbegabten Jugendlichen werden noch einige weitere Eigenschaften gebraucht. Humor wird dabei oft als wichtige Eigenschaft genannt, aber auch der Mut zum Risiko. Mindestens ebenso wichtig ist die Bereitschaft, eine Beziehung zu den Schülern aufzubauen und sich als einer von ihnen zu sehen.

Die genannten Eigenschaften von Lehrkräften stimmen übrigens mit den Bedürfnissen überein, die hochbegabte Erwachsene in ihrem Arbeitsumfeld haben (Nauta, Ronner & Brasseur, 2012; Nauta & Ronner, 2016).

Natürlich kann eine Lehrkraft auch das Modell der Kernqualitäten von S. 18 einsetzen und, möglichst mit dem Schüler gemeinsam, untersuchen, welche Merkmale und welche Fallen möglicherweise auf diesen Schüler zutreffen, um darauf dann in der Betreuung einzugehen.

In der Abiturklasse trifft Julian jetzt eine Entscheidung: Er meldet sich zum Psychologiestudium an der Universität an. Dadurch hat er ein Ziel, auf das er hinarbeitet. Er ist sich immer noch ziemlich sicher, dass er bestehen wird. Neben den Gesprächen mit seinem Betreuer nimmt Julian jetzt in der Schule auch an einem besonderen Mathematikkurs teil, in dem er unter Anleitung einer Lehrkraft die Probleme aus einer anderen Perspektive betrachtet. Dabei schauen sie erst hinten in dem jeweiligen Kapitel des Mathematikbuchs nach, was das Lernziel ist, und dann untersuchen sie, welche Instrumente sie benötigen, um dieses Ziel zu erreichen. In dieser Gruppe arbeiten drei Jungen zusammen. Julian gefällt diese Arbeitsweise gut, auch die Kontakte mit dem Lehrer und den anderen Gruppenmitgliedern laufen gut.

Der Betreuer erzählt

Julian hat bei mir daran gearbeitet, die Beziehung zu seinen Eltern, ausgehend von moralischen Werten, zu verstärken und gegenseitiges Verständnis zu entwickeln. Zu Hause fühlt er sich geborgen. Die Erfahrungen, die ich mit meinem eigenen Sohn – der inzwischen schon viel älter ist als Julian – gesammelt habe, haben mir gezeigt, dass Kinder auf ihre eigenen Entscheidungen vertrauen und ihren eigenen Lebensweg wählen dürfen – auch wenn das nicht immer mit den Entscheidungen ihrer Eltern übereinstimmt. Es ist sehr sinnvoll, zu Hause gemeinsam darüber zu reden, und das gelang Julian immer besser. Er wollte zwar gern sein Abitur schaffen, aber auf seine eigene Weise. In unseren Gesprächen haben wir auch viele andere Aspekte entdeckt, die genauso viel oder sogar mehr wert sind als ein Abschluss. Damit wollen wir natürlich nicht sagen, dass es nicht wichtig ist, den Abiturabschluss zu schaffen, ganz im Gegenteil! Hinsichtlich der Unterstützung beim Lernen habe ich zusammen mit Julian versucht, in seinem Kopf Freiräume zu schaffen, indem wir den großen »Brei«, als den er den Unterrichtsstoff empfand, strukturierten. Wir haben komplizierte mathematische Probleme analysiert, und Julian lernte dabei, die Lösung in Teilschritten zu erarbeiten. Es hat mir Spaß gemacht, Julian zu betreuen; er ist stärker geworden, ist gewachsen und hat ein positiveres Selbstbild bekommen. Er geht hoffnungsvoll ins Abitur.

Letztendlich schafft Julian das Abitur nicht. Durch seine Vorzensuren hätte er in der Abiturprüfung nur mindestens ausreichende Zensuren schreiben müssen, und das erwies sich als zu hoch gegriffen. Zuerst war er natürlich enorm enttäuscht, weil er in den letzten Ferien vor der Abiturprüfung doch noch viel gelernt hatte. Später sah er in einem Gespräch mit dem Klassenlehrer und dem Berufswahlberater seiner Schule aber ein, dass das Abitur unverdient gewesen wäre – auch wenn er sich natürlich gefreut hätte, wenn er es bestanden hätte.

Im Rückblick

Julian

Es ist natürlich enttäuschend, dass ich durchgefallen bin, aber das war mir auch eine Lehre für mein ganzes Leben. Wenn ich auf die letzten Jahre zurückblicke, sehe ich schon, dass ich meine Zeit manchmal sinnvoller hätte nutzen können, aber ich schiebe die Dinge halt gerne auf. Und wenn ich ganz ehrlich bin: Es gab ja immer noch eine Notlösung, viele der Klausuren konnten man mit einer Nachklausur doch noch schaffen. Wenn jemand Versagensangst hat, ist diese Möglichkeit gut, aber für mich war das verhängnisvoll. Durch die Gespräche mit dem Betreuer, zu Hause mit meinen Eltern und die Betreuung in der Schule habe ich ein viel deutlicheres Selbstbild bekommen, das hat mir viel genützt.

Ich habe beschlossen, das ganze Abiturjahr zu wiederholen. Ich hätte auch die Fächer, in denen ich durchgefallen war, über die Erwachsenenbildung nachholen können. Aber dazu braucht man eine gehörige Portion Disziplin, und das ist noch nicht gerade meine starke Seite. Ich hätte dann auch nur in den Unterricht für diese beiden Fächern zu gehen brauchen, und was hätte ich dann in der übrigen Zeit tun sollen? Dann wäre ich wieder leicht davongekommen. Ich habe einen Schülerjob in einem Supermarkt, aber ich habe keine Lust, dort die ganze Woche zu arbeiten. Meine jetzige Schule bietet mir viele Unterstützungsmöglichkeiten, ich habe gute Kontakte mit den Lehrern und Mitschülern. Im nächsten Jahr kann ich in den Freistunden neu anfangende Bands in der Schule betreuen, und außerdem helfe ich dem Hausmeister, seine alte elektrische Gitarre aufzuarbeiten – da sind meine Erfahrungen mit dem Bau einer elektrischen Gitarre sehr nützlich. Ich habe mit allen Lehrern Absprachen über die inhaltliche Seite des Fachs gemacht, so lerne ich nach meinem eigenen Lehrplan. Wenn ich jetzt den Stoff ab der 11. Klasse und auch einige Klausuren wiederhole, gehe ich im nächsten Jahr viel besser vorbereitet in das Abitur. Ärgerlich finde ich, dass ich immer noch nicht genau weiß, was ich nächstes Jahr tun will, aber mit Mathematik und Physik als Leistungskurs stehen eigentlich sehr viele Möglichkeiten offen. Ich interessiere mich immer noch sehr für ein Psychologiestudium, aber die Musikhochschule wäre auch eine Möglichkeit. Ich habe demnächst einen Termin mit dem Berufswahlberater der Schule, wahrscheinlich kann ich auch ein paar Tage zum Schnupperstudium. Es bleibt schwierig, sich zu entscheiden.

Julians Klassenlehrer

Wirklich schade, dass Julian durchgefallen ist. Ich selbst und auch viele meiner Kollegen hätten ihm das Abitur von ganzem Herzen gegönnt. Wichtig ist aber, dass Julian sich jetzt viel wohler in seiner Haut fühlt. Das Wachstum, das sich schon abzeichnete, kann er jetzt in einer vertrauten Umgebung weiterentwickeln. In diesem Jahr steht (zum ersten Mal?) eine Planung in seinem Kalender, er arbeitet in den Unterrichtsstunden, stellt seinen Lehrern Fragen und trifft Abmachungen. Es kann ein sehr wertvolles Jahr für ihn werden, und das hat er selbst in der Hand.

Julians Eltern

Nachdem wir den ganzen Stress und die ständigen Streitereien hinter uns gelassen haben, sind wir um einiges klüger geworden. Wie man in den USA sagt: Man kann ein Pferd zum Wasser führen, aber trinken muss es selbst. Die schulische Betreuung ist gut, die Schüler bekommen dort bedingungslose Unterstützung, das ist auch typisch für das Dalton-Konzept. Jeder Mensch trägt selbst die Verantwortung für seine Entscheidungen. Man kann sich die Unterstützung und Betreuung bei dem eingeschlagenen Weg zunutze machen, aber man trägt auch selbst die Konsequenzen für die eigenen Entscheidungen. Wir wissen es immer mehr zu schätzen, wie Julian seine eigenen Entscheidungen trifft: Er ist kein Mitläufer. Er macht eben alles auf seine eigene Weise, wenn auch nicht immer so, wie wir uns das vorgestellt haben. Aber er ist ein Junge, der sich um andere Menschen kümmert, und er besitzt Verantwortungsgefühl und Durchsetzungsvermögen. Ganz deutlich wurde das, als er die elektrische Gitarre baute. Dabei musste er ziemlich viele Frustrationen überwinden, aber er hat nicht aufgegeben. Und das Ergebnis kann sich sehen lassen! Für das nächste Schuljahr haben wir ihn gefragt, inwieweit er von uns Unterstützung erwartet. Wir haben gelernt, uns zurückzunehmen und dass Unter-Druck-Setzen, Bestrafen oder Belohnen keinen Sinn haben. Wir finden aber, dass jemand den Überblick behalten muss über seine Pläne in der Schule und alles, was dazugehört.

LUKAS

4. »Das Leben bringt mir eine Enttäuschung nach der anderen.«

Lukas ist jetzt 18 Jahre alt und geht in die vorletzte Klasse des Gymnasiums. Seine Eltern betreiben eine erfolgreiche Baufirma, haben aber beide die Schule ohne Abschluss verlassen. Lukas hat noch eine 16-jährige Schwester, Leoni, die eine Klasse unter ihm aufs Gymnasium geht.

Im Kindergartenalter war Lukas recht still. Am liebsten saß er mit einem Buch oder einem Puzzle allein in der Ecke. Er konnte schon lesen, bevor er in die 1. Klasse kam. Dort wurde dann bald deutlich, dass es Lukas nicht so gut ging. Er wurde immer stiller, hatte zu nichts mehr Lust, und schon gar nicht dazu, in die Schule zu gehen. Oft weinte er morgens. Im Laufe der Grundschule wurden seine Schulleistungen allmählich immer schlechter. Er hasste es, wenn er laut vorlesen musste, machte auch bei ganz leichten Rechenaufgaben immer mehr Fehler. Die Lehrerin konnte sich das nicht erklären, sie hatte den Eindruck, dass er diese Aufgaben eigentlich leicht beherrschen müsste. Darum verwies sie ihn zur weiteren Untersuchung an den schulpsychologischen Dienst.

Wie die Ergebnisse einer gründlichen Untersuchung zeigten, war Lukas hochbegabt, was alle erstaunte. Er führte mehrere Gespräche mit einem Psychologen. Als die Lehrkraft ihm dann auch noch anderes Unterrichtsmaterial und andere Aufgaben anbot, verbesserten sich seine Ergebnisse schnell. Nach Gesprächen mit seinen Eltern und der Lehrerin konnte er zweimal eine Klasse überspringen. Er bekam nun auch Unterricht in Fächern, die üblicherweise nicht unterrichtet werden. Lukas genoss das Bereicherungsprogramm, besonders die Denkspiele machten ihm viel Spaß.

Nach der Grundschule wechselte Lukas auf das Gymnasium. Jetzt steht er kurz vor dem Abitur, aber seine Leistungen schwankten bisher sehr, in der vorletzten Klasse blieb er sogar sitzen. Eigentlich macht die Schule ihm keinen Spaß, er lernt nur, weil er das muss. Sein Abitur möchte er aber gern schaffen. In der Schule kann er sich nicht richtig konzentrieren, zu Hause dagegen geht das gut. Dort schafft er es in kurzer Zeit, den Stoff zu lernen.

MINDERLEISTUNG

Viele Hochbegabte zeigen in der Schule und auch in anderen Bereichen strukturell viel schlechtere Leistungen, als wir aufgrund ihrer Kapazitäten erwarten würden. Dann wird von Minderleistung gesprochen; solche Schüler werden dann auf Englisch als »Underachiever«, also wörtlich »Minderleister«, bezeichnet. Verursacht wird die Minderleistung von einer Reihe von Faktoren, die oft auch kombiniert vorkommen, beispielsweise eine Kombination von Motivation, Persönlichkeit, Lernstil und Lernstörung. Einige dieser Faktoren wollen wir hier benennen:

Der Schüler ist weniger oder überhaupt nicht motiviert, beispielsweise aus den folgenden Gründen:

- ~ Er findet den Unterrichtsstoff uninteressant.
- ~ Der Unterricht geht ihm zu langsam, weil er selbst gedanklich schon viel weiter ist.
- ~ Er hat einen Wissensvorsprung vor dem Rest der Klasse oder vielleicht sogar vor dem Lehrer.
- ~ Er ärgert sich, weil er Fehler im Stoff zu erkennen glaubt oder findet, dass die Lehrkraft nicht richtig erklärt.

Wenn jemand perfektionistisch ist, kann Folgendes passieren:

- ~ Er versteht den Unterrichtsstoff oder sogar Aufgaben in einer Klassenarbeit nicht, weil er glaubt, da »muss doch noch mehr dahinterstecken, so einfach kann es doch nicht sein«.

~ Er versteht nicht, dass es für ihn auch ganz leicht sein könnte.
~ Wenn die Klassenarbeit mit Multiple-Choice-Fragen gestellt wird, gerät er durcheinander (siehe auch Kapitel 5 zur Entscheidungsfähigkeit).
~ Er hat einen anderen Lernstil als die meisten anderen Schüler (siehe auch Kapitel 10).
~ Er hat eine Lernstörung, z. B. eine Lese-und-Rechtschreib-Schwäche oder Rechenschwäche (bei Hochbegabten bleibt dies oft unerkannt, weil sie eine solche Schwäche vertuschen können, indem sie sich die Informationen auf andere Weise verschaffen).

In der Regel sollte es einer Lehrkraft auffallen, dass möglicherweise eine Minderleistung vorliegt, und sie müsste auch versuchen zu verstehen, wo der Grund dafür liegt. Vielleicht denkt der Schüler auch selbst über die Gründe nach und sucht das Gespräch darüber.

Warum stellen wir bei Hochbegabten so oft eine Minderleistung fest?

Schaut man sich die oben beschriebenen möglichen Gründe für eine Minderleistung an, so sieht man, dass es bei Hochbegabten davon eine ganze Reihe geben kann. Außerdem fällt die Minderleistung häufig stärker auf, weil Eltern oder Lehrkraft eigentlich mehr von Hochbegabten erwarten oder anfänglich noch gute Leistungen erzielt werden. Und leider merkt es aber manchmal auch einfach niemand, dass sie Minderleister sind. Das kann daran liegen, dass sie schon immer, seit Anfang ihrer Schulzeit, unterfordert wurden: Die Ergebnisse sind an und für sich nicht schlecht, wurden aber völlig mühelos erzielt – und so haben sie einfach nie gelernt, sich Mühe zu geben.

Wer von sich selbst vermutet, ein »Minderleister« zu sein, sollte unbedingt das Gespräch beispielsweise bei einer Lehrkraft, einem Klassenlehrer oder den Eltern suchen. Mit ihrer Hilfe klappt es bestimmt, die unbefriedigende Situation besser zu verstehen und Alternativen zu erarbeiten.

Wenn Lukas ehrlich auf sich selbst schaut, weiß er im Grunde, dass er nach der Grundschule jetzt wieder durch die Unterforderung Leistungen unter seinem Niveau erzielt. Er kann sich aber nicht vorstellen, wie er das ändern könnte. Reden will er darüber jedenfalls nicht. Es gibt viele Dinge, die ihm Spaß machen, auch außerhalb der Schule. Die Schule ist für ihn nicht so wichtig, obwohl er gern den Abschluss machen will, weil er dann die Schule verlassen kann.

Lukas langweilt sich nie. Beispielsweise ist er sehr gut in Kryptologie, der Kunst der Geheimschriften. Früher wurden dabei Buchstaben durch Symbole ersetzt oder vorher vereinbarte Buchstaben ausgetauscht, in den letzten Jahrzehnten werden vor allem mathematische Verfahren benutzt. Damit beschäftigt Lukas sich wirklich sehr gern. Trotzdem ist er oft unglücklich, er fühlt sich manchmal einsam und ein bisschen niedergeschlagen.

Lukas will sehr gern die Erwartungen seiner Mitmenschen erfüllen, und er tut viele Dinge eher für die anderen als für sich selbst. Das fällt besonders auf: Lukas passt sich zu viel an.

Überanpassung

Wäre es möglich, dass das Anpassungsverhalten von Lukas damit zu tun hat, dass er seine eigenen Bedürfnisse nicht kennt?

Schon 1979 schrieb Alice Miller darüber, dass ein Kind, das die bewussten oder unbewussten Sehnsüchte seiner Eltern erfüllt, ein »braves« Kind ist. Weigert sich dieses Kind dann aber, das weiterhin zu tun, und äußert es dann auch eigene Wünsche, wird es egoistisch genannt: Es nimmt nicht genug Rücksicht auf andere.

Haben die Eltern das Gefühl, dass sie das Kind brauchen, damit es ihre (egoistischen?) Sehnsüchte erfüllt? Oder sehen sie es als ihre Pflicht, das Kind zu erziehen und ihm bei seiner Sozialisierung zu helfen? Das könnte zur Folge haben, dass das Kind schon früh lernt, mit anderen zu »teilen«, zu »geben«, sich zu »aufzuopfern« und zu »verzichten«, weil es sich die Wertschätzung der Eltern erhalten will – und welches Kind will das nicht? Miller beschreibt »Begabung« somit als die Fähigkeit, sich in andere Menschen hineinzuversetzen und zu fühlen, was der andere braucht. Wir glauben, dass das nur einer von verschiedenen Aspekten der Begabung ist.

Und wir glauben auch, dass man sich dieses »Anpassungsmechanismus« bewusst werden und selbst entscheiden kann, wie weit man darin geht, ohne selbst zu kurz zu kommen. Darum halten wir »Abstimmung« für die bessere Bezeichnung. In Kapitel 8 erzählen wir die Geschichte von Sophie, einem Mädchen, das ein solch überangepasstes Verhalten zeigt.

In der 12. Klasse des Gymnasiums wird Lukas immer niedergeschlagener. Er hat jetzt zu fast gar nichts mehr Lust, auch nicht mehr dazu, sich mit der Kryptologie zu beschäftigen. Ziemlich viel Zeit verbringt er allein zu Hause. Wenn er in der Schule ist, sieht seine Schwester oft, dass er in der Mensa allein in der Ecke sitzt, und sie erzählt das zu Hause. Die Eltern reden darüber mit Lukas, dem das selbst auch schon aufgefallen war. Es fällt ihm schwer, selbst etwas dagegen zu unternehmen, aber er macht sich auch Sorgen darüber. Leidet er vielleicht unter einer Depression? Er sucht darüber Informationen im Internet und findet einen Test, den er ausfüllt, ohne mit anderen darüber zu reden. Das Ergebnis des Tests ergibt, dass er wohl nicht wirklich depressiv ist, aber deutlich in niedergedrückter Stimmung; ihm wird empfohlen, Hilfe zu suchen, um eine Verschlimmerung dieses Zustands zu verhindern. Ob er das tun soll? Beim Abwasch redet er vorsichtig mit seiner Mutter über seine Internetrecherche. Sie antwortet ihm, dass sie froh ist, dass er selbst das Gespräch darüber sucht. Sie und sein Vater machten sich auch schon länger Sorgen um ihn; unter anderem ist ihnen aufgefallen, wie appetitlos er ist.

Depression

Was ist eine Depression?

Von einer Depression sprechen wir, wenn mehrere Anzeichen vorliegen, also wenn jemand etwa längere Zeit (mindestens mehrere Wochen) niedergeschlagener Stimmung ist, längere Zeit keine Lust zu Aktivitäten hat und das Interesse an vielen Dingen verliert. Oft kommen auch noch körperliche Symptome dazu, wie Appetitlosigkeit. Die Diagnose kann jedoch nur von jemandem gestellt werden, der sich auf diesem Gebiet auskennt und der dazu normalerweise ein Gespräch führt sowie einen Fragebogen benutzt.

Depressionen bei Kindern und Jugendlichen sind schwieriger festzustellen als bei Erwachsenen. Darum sollten Kinder und Jugendliche bei einer deutlichen, anhaltenden depressiven Verstimmung unbedingt spezialisierte Therapeuten aufsuchen.

Ursachen einer Depression

Bei den meisten Menschen, die unter einer Depression leiden, wird keine konkrete Ursache gefunden. Vereinzelt kann eine körperliche Erkrankung eine Depression auslösen, beispielsweise ein chronischer Infekt.

Manche Menschen haben eine Veranlagung, eine Depression zu entwickeln, beispielsweise durch ihre frühkindliche Entwicklung, dies erklärt aber noch nicht alles. Nach stressbeladenen

Ereignissen bekommen einige Menschen eine Depression, andere nicht (Swaab, 2013).

Aus biologischer Sicht erklärt sich eine Depression wie folgt: Das Gehirn reagiert auf eine bestimmte Situation mit einer zu starken Reaktion auf der sogenannten Stressachse (Überreaktion). Der Hypothalamus produziert mehr beziehungsweise zu viel CRH, das Hormon, das wiederum zu einer gesteigerten Produktion des Nebennierenrindenhormons Cortisol führt. Zusammen wirken diese Hormone auf das Gehirn ein, was die Depression zur Folge hat (Swaab, 2013).

Neben dieser biologischen Erklärung gibt es auch Menschen, die Depression eher als »erlernte Hilflosigkeit« (Seligman 1979) sehen. Sie betonen die Faktoren, die in der Erziehung eine Rolle gespielt haben.

Ist Schwermut immer ein Anzeichen für eine Depression?

Manche Menschen sind bei einer Depression nicht wirklich schwermütig, sondern haben vor allem körperliche Beschwerden. Sie erkennen die Niedergeschlagenheit auch gar nicht als solche.

Übrigens braucht auch nicht jede Periode, in der man schwermütig ist, gleich als Depression bezeichnet zu werden. Trudy Dehue (2008) schrieb kritisch über die Tendenz, viele Menschen als depressiv zu bezeichnen und sie beispielsweise mit Arzneimitteln zu behandeln (die oft auch noch Nebenwirkungen haben). Schließlich kann es manchmal auch einen guten Grund dafür geben, sich traurig oder schwermütig zu fühlen. Ein Auf und Ab gehört nun einmal zum Leben.

Wie findet man einen Weg aus der Depression?

Für viele Menschen reicht es aus, selbst zu verstehen, was vor sich geht, beispielsweise indem sie darüber lesen. Es kann auch hilfreich sein, Gespräche mit einem fachkundigen Therapeuten zu führen, wobei meistens eine Form der kognitiven Verhaltenstherapie eingesetzt wird (siehe auch Kapitel 1, in dem wir das 5-G-Schema erklärt haben).

Wenn bereits eine Depression vorliegt, wird die richtige Behandlung oft ausgehend davon gewählt, welche Attribution jemand hat (worauf er selbst die Depression zurückführt, siehe auch Kapitel 2).Wahlweise kann dann eine medikamentöse Therapie oder Verhaltenstherapie eingesetzt werden. Möglich ist auch eine Kombination von Antidepressiva und Therapie, wobei heute zunächst meistens zu Gesprächen mit einem Therapeuten geraten wird. Die Experten sind geteilter Meinung darüber, ob die gleichzeitige Anwendung von Medikamenten (Antidepressiva) ratsam ist. Für manche Menschen können diese Medikamente eine Lösung sein, um aus einem »tiefen Loch« herauszukommen.

Besteht ein Zusammenhang zwischen Hochbegabung und Depression?

Laufen hochbegabte Kinder nun mehr Gefahr, depressiv zu werden, oder äußert sich eine Depression bei ihnen anders? Eigentlich wissen wir das nicht genau, weil noch sehr wenig Forschungsarbeiten mit Gruppen von Hochbegabten vorliegen. Amerikanische Studien zeigen, dass Depressionen bei hochbegabten Kindern nicht öfter vorkommen als bei nicht hochbegabten Kindern (u. a. Gust-Brey & Cross, 1999).

Einsamkeit und Enttäuschung

Was wir aber öfter erleben ist, dass hochbegabte Kinder wie auch hochbegabte Erwachsene oft sehr reizempfindlich sind (siehe auch Kapitel 7) und dass sie durch ihr Beobachtungsvermögen, ihre analytischen Fähigkeiten und ihre moralische Entwicklung (siehe Kapitel 1) häufig erkennen, dass so vieles in der Welt verbessert werden sollte. Dabei geht es ihnen oft um wichtige, große Themen wie Krieg, Hunger und Ähnliches. Wer erkennt, wo etwas besser gemacht werden könnte, entscheidet sich oft zu handeln, etwa politisch tätig zu werden. Bei manchen Hochbegabten führt dies aber auch zu Gefühlen der Hilflosigkeit und Lähmung, weil sie sich dessen bewusst sind, dass einer allein nicht viel unternehmen kann, um die Welt zu verbessern, sosehr er dies auch will. Je nach individueller Persönlichkeit und Widerstandsfähigkeit wird mit diesen Gefühlen unterschiedlich umgegangen. Dies wird als »Coping« bezeichnet. Darauf werden wir noch ausführlicher eingehen.

Wir glauben, dass solche Gefühle der Lähmung und Hilflosigkeit, die eintreten, wenn man sieht, dass so vieles in der Welt nicht zum Besten steht, besser nicht als »Depression« bezeichnet werden sollten.

Künstler und manisch-depressive Erkrankung

Es liegen Studien vor, aus denen hervorgeht, dass Menschen, die hochbegabt und ausgesprochen kreativ sind, tatsächlich etwas öfter manisch-depressiv sind (siehe u.a. Andreasen, 2005). Als Beispiel dafür wird oft der Maler Vincent van Gogh genannt. Dies gilt nicht nur für Maler und andere bildende Künstler, sondern auch für Schriftsteller und Dichter. Von vielen Künstlern wurde beschrieben, dass sie gerade dieser Erkrankung viele schöpferische Einfälle zu verdanken hatten. Dennoch sollte natürlich etwas gegen diese Erkrankung unternommen werden.

Wie Andreasen beschreibt, sind kreative Menschen auch verletzlich, offen für neue Erfahrungen, tolerant für Ambiguität (Doppeldeutigkeit) und haben oft weniger Vorurteile. Ihre Innenwelt ist komplex, mehrdeutig und gefüllt mit vielen Grautönen (statt Schwarz-Weiß). Sie neigen leicht zu Depressionen oder sozialer Entfremdung. Außerdem können sie angesichts der Flut von Informationen, die sie über die Sinnesorgane erreichen, Probleme mit der Ausfilterung haben.

Die Schriftsteller, die sie befragte, erzählten, dass sie oft unter einer Reizüberflutung litten, sodass sie sich schnell ablenken ließen. Manche konsumierten viel Alkohol zur Dämpfung des überreizten Nervensystems.

Empfehlung

Generell möchten wir dazu raten, bei wiederkehrenden Gefühlen von Schwermut oder Einsamkeit den Hausarzt aufzusuchen und gegebenenfalls um eine Überweisung zum Psychologen zu bitten. Dabei spielt die Frage, ob tatsächlich eine Depression vorliegt, eine weniger wichtige Rolle als der Rat, sich auf jeden Fall Hilfe zu suchen, um diese Periode der Einsamkeit zu überwinden.

Unseren Erfahrungen zufolge können Hochbegabte oft sehr schnell eine Phase der Melancholie überwinden. Häufig reicht es schon, wenn sie ein paar Gespräche führen, in denen speziell alle Fragen erörtert werden, über die sie als Hochbegabte nachdenken. Oft schaffen sie es dann leichter selbst, aus einem solchen Tief herauszufinden.

Ist Lukas depressiv?

Lukas zeigt offensichtlich in seinem Verhalten, dass er sehr enttäuscht vom Leben ist. Beispielsweise hatte er große Erwartungen was das Gymnasium betrifft, die sich nicht wirklich erfüllt haben. Lukas fängt an, sich dessen bewusst zu werden, er ist jetzt ja auch schon 18 Jahre alt. Obwohl ihm das schwerfällt, überlegt er sich doch, ob er nicht mit jemandem darüber reden sollte. Aber mit wem?

Er recherchiert und stellt fest, dass auch Hilfe über das Internet möglich ist. Das findet er eine gute Idee, denn dann braucht er seine Eltern nicht damit zu belasten oder in der Schule über das Thema zu sprechen. Lukas bekommt wieder etwas Vertrauen, dass er einen Ausweg aus seiner traurigen Situation finden kann. Er glaubt, lernen zu können, wie er selbst seine Schwermütigkeit beeinflussen und dadurch das Gefühl weniger werden lassen kann. Er will auch lernen, wie er mit den Erwartungen anderer Menschen umgehen kann, die er nicht mehr immer erfüllen will.

Coping: Wege aus der Krise

Was wird unter Coping verstanden?

Unter Coping (Bewältigungsstrategie) wird die Art, wie jemand sowohl verhaltensmäßig als auch kognitiv und emotional auf Umstände reagiert, die eine Anpassung erforderlich machen, verstanden. Dieser Prozess, der sich aus vielen Einzelkomponenten zusammensetzt, ist in ständiger Änderung begriffen und von neuen Umständen und Erfahrungen abhängig. Coping als Problemlösungsverhalten hat einen bestimmten Effekt. Durch diesen Effekt, den ein bestimmtes Problemlösungsverhalten auslöst, kann beurteilt werden, ob die Coping-Strategie adäquat oder nicht adäquat ist.

Drei Coping-Kategorien

Die UCL-Liste (Utrechter Coping-Liste, 1993) gliedert die Coping-Formen in drei Kategorien:

- ~ ausgerichtet auf die Problemsituation bzw. auf die Veränderung der Problemsituation
- ~ ausgerichtet auf die Beeinflussung der Wahrnehmung und Beurteilung, also auf die Änderung der Reaktionen, indem die Wahrnehmung und Deutung verändert werden
- ~ ausgerichtet auf die Arousal-Verringerung: Das bedeutet, man versucht, die unangenehmen Gefühle durch Mittel wie z. B. Drogen oder Alkohol zu verdrängen

Die meisten dieser Coping-Formen können gleichzeitig auftreten, abwechselnd auftreten und sich gegenseitig beeinflussen. Übrigens lassen sich die verschiedenen Coping-Formen im Alltag oft schlecht voneinander unterscheiden.

Sieben Coping-Stile

Je nach Situation oder Problem werden unterschiedliche Coping-Stile eingesetzt. So hängt der Effekt des Coping-Verhaltens direkt mit dem Problem zusammen. Dabei muss darauf hingewiesen werden, dass ein bestimmter Stil je nach Situation effektiv oder ineffektiv sein kann.

Die Utrechter Coping-Liste definiert sieben Stile. Die Liste erstreckt sich auf 47 Fragen, die Beantwortung nimmt etwa 5 Minuten in Anspruch. Diese Stile sind sehr unterschiedlich und werden grundsätzlich von allen Menschen (effektiv oder ineffektiv) angewendet, je nach der Situation. Die vier am meisten verwendeten Stile sind: aktiv in Angriff nehmen; soziale Unterstützung suchen; vermeiden und abwarten; Ablenkung suchen. Schematisch kann dies wie folgt dargestellt werden:

	rational	emotional
kämpfen (»fight«)	aktiv in Angriff nehmen	soziale Unterstützung suchen
fliehen (»flight«)	vermeiden und abwarten	Ablenkung suchen

1. Aktiv in Angriff nehmen

Rationaler Ansatz, wie das Problem angepackt wird. Der Fight-Mechanismus (Kämpfen) bezeichnet ein Verhalten, das auf die Lösung des Problems ausgerichtet ist: Das Problem wird in Ruhe von allen Seiten betrachtet, alle Aspekte werden aufgelistet und anschließend wird zielgerichtet und vertrauensvoll auf die Lösung hingearbeitet.

2. Soziale Unterstützung suchen

Emotionaler Ansatz, wie mit einem Problem umgegangen werden kann. Auch dieser Ansatz fällt unter den Fight-Mechanismus. Man sucht Trost, Verständnis und Hilfe und geht dabei dann sofort dazu über, das Problem mit anderen Menschen zu teilen, um dieses anschließend gemeinsam in Angriff zu nehmen und zu lösen.

3. Vermeiden und abwarten

Rationaler Ansatz, der unter den Flight-Mechanismus (fliehen) fällt und der nicht auf die Lösung eines Problems, sondern auf dessen Vermeidung ausgerichtet ist. Man lässt die Dinge einfach »so weiterlaufen«, geht dem Problem aus dem Weg und wartet ab, was passiert. Das Problem wird nicht in Angriff genommen. Man erlebt aber, was passiert, wenn nichts unternommen wird.

4. Ablenkung suchen

Emotionaler Ansatz, der ebenfalls als Flight-Mechanismus gesehen wird. Jemand lässt sich völlig von dem Problem »auffressen«.

Die Folge: Grübeln, Niedergeschlagenheit, innerer Rückzug. Oft führt dies auch dazu, dass etwas aus Mitleid vertuscht wird, wodurch das Problem nicht in Angriff genommen wird.

Die UCL-Liste nennt weiterhin noch die folgenden drei Stile:

5. Kognitive Umstrukturierung
Sich mit Allgemeinheiten beruhigen: Auf Regen folgt Sonnenschein, andere haben es auch manchmal schwer, es gibt Schlimmeres – man versucht, sich damit Mut zu machen.

6. Selbstkritik (depressiver Coping-Stil)
Passives Reaktionsmuster: Man lässt sich völlig von den Problemen und der Situation beherrschen, ist pessimistisch, zieht sich grübelnd zurück, ist nicht dazu in der Lage, etwas an der Situation zu verändern, grübelt immer weiter über die Vergangenheit.

7. Emotionale Expression
Bei diesem Stil zeigt jemand seine Probleme, indem er seinen Ärger oder seine Wut zum Ausdruck bringt, er reagiert Spannungen ab.

Veränderung des Coping-Verhaltens

Es ist durchaus möglich, sein Coping-Verhalten zu verändern. Trainer und Therapeuten sind darauf spezialisiert, dabei zu helfen. Die Voraussetzung ist aber, dass die betroffene Person selbst erkennt, dass das von ihr umgesetzte Coping-Verhalten nicht effektiv ist, und sie dies selbst verändern will. Natürlich gibt es einen Zusammenhang zwischen Coping und Attribution (siehe Kapitel 2). Ein effektives Coping-Verhalten setzt eine realistische Attribution voraus. Wenn man nämlich für eine Situation bestimmte Ursachen anführt, an denen man selbst nichts ändern kann (externe Attribution), wird man natürlich nie selbst aktiv, um etwas an der Situation zu verändern. Andererseits ist es auch wenig hilfreich, wenn man glaubt, etwas beeinflussen zu können, während die Situation gar nicht veränderbar ist. Ein Beispiel ist das Wetter (schließlich kann niemand etwas für schlechtes Wetter) oder die Stimmung anderer Menschen (das Kind ist nicht dafür verantwortlich, wie sich seine Mutter fühlt).

Effektives Coping beginnt also damit, dass die eigene Attribution auf Annahmen überprüft wird, die möglicherweise gar nicht zutreffen. Beispielsweise kann der Betroffene sich selbst eine kürzlich erlebte Situation vorstellen, in der seine Reaktionsweise nicht den Effekt hatte, den er sich gewünscht hat. Welchen Coping-Stil hat er da verwendet? Und was wäre geschehen, wenn er stattdessen einen anderen Coping-Stil verwendet hätte? Dann könnte er sich vornehmen, in einer ähnlichen Lage diesen anderen Stil einzusetzen und zu schauen, was passiert.

Wie könnten wir das Coping-Verhalten von Lukas beurteilen? Lukas ist enttäuscht von der Schule und von seinem Leben. Indem er Kontakt mit der Internet-Hilfe aufnimmt, verlässt er die passive Haltung (vermeiden und abwarten, Coping-Stil 3) und wechselt in den Coping-Stil 2 (soziale Unterstützung suchen).

Über E-Mail tauscht er sich mit dem Betreuer der Webseite aus. Nach mehreren E-Mails beginnt er zu verstehen, was seine eigene Rolle ist und wie er sich fühlt. Er denkt über seine Gefühle und Gedanken nach und merkt schon bald, dass ihm das hilft. Wenn er jetzt darüber nachdenkt, sieht sein Leben schon ein bisschen weniger schwarz aus. Dieser Prozess fällt teilweise unter den Coping-Stil 5 (kognitive Umstrukturierung).

Weil Lukas schon bald merkt, dass ihm dies hilft, wird er optimistischer, was den Prozess beschleunigt. Er schlägt seinen Eltern vor, gemeinsam essen zu gehen, und erzählt ihnen dann, wie er seine depressiven Gefühle in Angriff genommen hat und wie er sich jetzt fühlt. Seine Eltern sind sehr stolz auf ihn.

Bei einer Abendveranstaltung in der Schule unterhält Lukas sich ziemlich lange mit Anna aus der Klasse unter ihm und merkt, dass er sie sehr nett findet. Am nächsten Tag schickt er ihr eine SMS, auf die sie antwortet, dass sie sich gern mit ihm verabreden will.

Lukas ist begeistert. Er träumt manchmal davon, eine Freundin zu haben, er hätte aber nie zu hoffen gewagt, dass es ihm so schnell gelingen würde, Kontakt zu bekommen. Als sie zusammen in einem Straßencafé ein Eis essen, redet er darüber mit Anna. Verlegen gibt sie zu, dass auch sie noch nie einen Freund hatte. Zusammen können sie herzlich darüber lachen, auch weil ihnen einfällt, dass sie jetzt alles selbst herausfinden müssen. Wenn einer von ihnen schon einmal eine Beziehung gehabt hätte, hätten sie auf diese Erfahrungen zurückgreifen können – aber so, wie es jetzt ist, ist es natürlich viel schöner! Ihre Unerfahrenheit ist ihnen voreinander nicht mehr peinlich.

Natürlich läuft jetzt nicht alles von heute auf morgen perfekt. Lukas hat immer noch Momente, in denen er still und zurückgezogen ist und sich eher schlecht fühlt, sie werden aber immer seltener.

Langeweile

Manchmal ist es auch einfach Langeweile, worunter Lukas leidet; mittlerweile weiß er dieses Gefühl so zu benennen. Früher hätte er das wahrscheinlich als Depressivität bezeichnet. Inzwischen hat er aber erkannt, dass es mehrere Gründe für seine schwermütigen Gefühle gab. Und weil er diese melancholischen Gefühle jetzt tiefer analysiert, kann er eines dieser Gefühle einfach als Langeweile identifizieren. Er stellt sich nun die Frage, ob das ebenfalls mit seiner Hochbegabung zu tun hat.

Es kommt häufig vor, dass hochbegabte Kinder sich langweilen. Auch hochbegabte Erwachsene können darunter leiden, zum Beispiel am Arbeitsplatz. Das ist eigentlich kein Wunder: Was normalerweise in der Schule angeboten wird, ist für sie meist zu einfach. Und von der durchschnittlichen Arbeit sind Hochbegabte auch häufig unterfordert. Wenn sie etwas nicht leiden können, ist es Routine.

Langeweile ist an und für sich schon unangenehm, aber sie kann auch noch zum Verlust der Motivation führen. Das wirkt dann wirklich lähmend und verhindert dadurch, aktiv aus dieser Situation herauszufinden. Darum ist es sehr wichtig, dass sowohl der Jugendliche selbst als auch seine Umgebung auf Signale der Langeweile achten. Natürlich ist aber auch das Gegenteil, ein Burn-out), nicht erstrebenswert …

Lukas besteht sein Abitur zum Glück gleich im ersten Anlauf. Darüber freut er sich riesig. Und er freut sich mindestens genauso darüber, dass er sich überhaupt wieder freuen, also so viel fühlen kann. Recht schnell entscheidet er sich für ein Mathematikstudium. Er glaubt, dass er dabei sein starkes analytisches Talent am besten einsetzen kann.

Inzwischen weiß er, dass er aktiv daran arbeiten muss, nicht einsam zu sein, und auch daran, Langeweile zu vermeiden. Darum hat er vor, sich bei einem Studentenverein zu engagieren. Außerdem will er sich wieder mehr mit der Kryptologie beschäftigen, in einer Universitätsstadt wird es doch sicherlich Angebote geben. Er denkt auch über andere Aktivitäten neben dem Studium nach.

Lukas bleibt weiterhin mit Anna in Kontakt. Sie genießen die gemeinsam verbrachte Zeit sehr und verabreden sich regelmäßig am Wochenende. Anna ist ebenfalls sehr intelligent und fühlt sich bei Lukas sehr wohl. Die beiden können sich alles erzählen, auch Dinge, die für andere Menschen vielleicht verrückt klingen. Ihre sexuelle Beziehung ist ebenfalls befriedigend, und sie sind sehr froh darüber, weil es für beide die erste echte Beziehung ist.

Lukas überlegt sich, ob er nicht Jugendlichen Nachhilfeunterreicht in Mathematik geben soll. Außerdem hat er Ideen, die Thematik der Hochbegabung an der Universität zur Sprache zu bringen, schließlich gibt es dort bestimmt noch mehr hochbegabte Studenten. Wenn es manchen von ihnen so schlecht ginge wie ihm selbst vor einiger Zeit, könnte er seine Erfahrungen vielleicht nutzen, um ihnen zu helfen. Lukas ist natürlich immer noch der Junge, der er vorher war: einer, der sich um andere Menschen kümmern und dafür sorgen will, dass sie glücklicher werden.

Im Rückblick

Lukas

Du liebe Zeit, was habe ich in den letzten Jahren viel erlebt! Ich bin wirklich stolz darauf, dass ich mein Leben jetzt selbst in die Hand genommen habe. Ich hatte schon länger gemerkt, dass es mir nicht gut ging, darunter litt ich auch ziemlich. Irgendwann habe ich es dann verstanden: Die einzige Person, die etwas dagegen unternehmen kann, bin ich selbst. Ich habe zwar Hilfe gesucht, war aber auch schon bald wieder auf dem richtigen Weg. Hin und wieder mache ich noch eine schwierige Phase durch, aber ich weiß jetzt, dass ich Menschen kenne, mit denen ich darüber reden kann, und das hilft mir sehr.

Lukas' Psychologe

Lukas ist ein Beispiel für einen Jugendlichen, der wirklich schnell aufgreift, was ich ihm rate. Leider ist das in der Therapie bei Weitem nicht immer der Fall. Ich merkte sehr schnell, dass er ausgesprochen intelligent ist. Das kann manchmal aber zur Denkfalle werden. Er denkt nämlich immer gründlich über alles nach und gibt sich nicht mit einer kurzen, oberflächlichen Antwort zufrieden. Davon habe ich selbst auch viel gelernt!

Lukas' Freundin Anna

Ich erinnere mich gern daran, wie Lukas und ich an diesem Abend in der Schule ins Gespräch kamen und danach aneinander hängen geblieben sind. Wir verstanden uns auf Anhieb, das fühlte sich für mich an wie ein kleines Wunder. Ich dachte schon, dass ich wohl nie einen Freund finden würde. Die meisten Jungen finden nämlich, dass ich über alles zu viel nachdenke. Verrückt ist eigentlich, dass Lukas und ich beide viel nachdenken, uns aber so gut ineinander hineinversetzen und uns gegenseitig akzeptieren können, dass wir auch gut zusammen still sein und genießen können.

Als ich ihn kennenlernte, merkte ich gleich, dass Lukas eine schwere Phase hinter sich hatte. Ich bewundere die Art, wie er die Depressivität selbst überwunden hat.

Ich fange im nächsten Jahr auch an zu studieren, vielleicht Psychologie. Auch Ethik ist ein Thema, das mich besonders interessiert. Und vielleicht bekomme ich ja einen Studienplatz in der Nähe von Lukas, das wäre sehr schön.

5. »Immer diese Zweifel!«

Johanna ist jetzt 17 Jahre alt. Erst hat sie die Fachhochschulreife gemacht, danach ist sie zu Hause ausgezogen. Nun wohnt sie seit einem halben Jahr allein. Sie steht kurz vor dem Abitur.

In der 2. Klasse der Grundschule wurde sie getestet, weil sie im Lesen einen Rückstand hatte, während sie in den anderen Fächern überdurchschnittliche Leistungen zeigte. Dabei wurde festgestellt, dass sie hochbegabt ist. Da sie aber im Lesen dennoch nicht mitkam, durfte sie keine Klasse überspringen. Zudem wurde Legasthenie festgestellt. Johanna selbst meint dazu, dass sie ihr Lese-Rechtschreib-Schwäche kompensieren könne, weil sie schnell lernt. Sie schätzt sich selbst als ehrgeizig und wissbegierig, aber auch als Gefühlsmenschen ein. Sie kann und will so viel wie nur möglich die kleinen Freuden des Alltags genießen (die Vögel im Garten, die Schneeglöckchen, das Teetrinken nach der Schule). Gerade die zwischenmenschlichen Beziehungen sind für sie besonders wichtig.

Johanna stammt aus einer harmonischen Familie, in der alle sehr intelligent sind. Darum hat sie zu Hause kaum Probleme. Im Freundeskreis hat sie aber manchmal Schwierigkeiten. Dazu meint sie selbst, dass sie sich nicht sehr sozialfähig findet. Sie versteht nicht, warum andere Menschen nicht genauso ehrgeizig und wissbegierig sind wie sie selbst. Oft klappt der Kontakt mit anderen Menschen auch deswegen nicht so gut, weil diese rasch merken, dass Johanna intelligenter ist als sie. Sie weiß noch nicht genau, wie sie dieses Verhalten »ausblenden« muss.

Johanna findet von sich selbst, dass sie zu viel nachdenkt und wohl auch dadurch immer zweifelt – eigentlich an allem. Manchmal wird sie davon regelrecht gelähmt, selbst bei ganz einfachen Entscheidungen wie etwa beim Einkaufen oder Ankleiden. Sie hat immer Angst, nicht die richtige Entscheidung zu treffen.

Gerade jetzt tut sie sich sehr schwer mit der Entscheidung, was sie nach dem Abitur machen will. Einerseits träumt sie von einer Musikkarriere, denn sie spielt schon seit ihrem 9. Lebensjahr Harfe, auch wenn sie im letzten Jahr leider nicht viel zum Üben kam. Aber ihr liegen auch sehr die naturwissenschaftlichen Fächer, und außerdem würde sie noch sehr gern mit hochbegabten Kindern arbeiten und diese nicht nur beim Lernen, sondern auch in der Entwicklung ihrer sozialen Fähigkeiten betreuen. Im Rahmen einer Zusammenarbeit mit einer Grundschule in der Nähe betreut sie jetzt bereits eine Gruppe von Schülern der letzten Grundschulklasse, und das macht ihr riesigen Spaß. Wie kann sie diese schwierige Entscheidung meistern?

Weitere Merkmale von Hochbegabung

In Kapitel 1 haben wir im Bezug auf Anton bereits das Delphi-Modell der Hochbegabung beschrieben. Dieses möchten wir auch hier benutzen, um Johannas Fall zu erklären.

Bei Johanna wurde bereits mithilfe eines Tests ihre Hochbegabung festgestellt. Außerdem zeigt sie Merkmale einer starken Selbstständigkeit (sie ist schon mit 16 zu Hause ausgezogen), ist sehr musikalisch (Kreativität und schöpferische Orientierung) und, wie sie selbst es ausdrückt, sie »denkt zu viel« (kognitiv stark). Dass sie sich selbst als Gefühlsmenschen bezeichnet, bedeutet, dass sie intensiv fühlt und eine breite emotionale Palette hat. Die Intensität kommt bei ihr vor allem in ihrem Ehrgeiz zum Ausdruck. Sie lernt schnell, scheint aber trotzdem nicht gut vorwärtszukommen. Vielleicht wird ihre Hochbegabung teilweise von ihrer Legasthenie überdeckt?

Hochbegabung und Legasthenie

Legastheniker kämpfen mit Problemen beim Lesen und Schreiben. Darum lernen sie auch sehr langsam lesen. Hochbegabte Kinder mit Legasthenie können ihre Rechtschreib- und Leseprobleme oft überspielen, weil sie auf andere Weise Informationen sammeln. Darum wird die Legasthenie bei ihnen häufig später erkannt als bei nicht hochbegabten Menschen.

Hochbegabte Kinder mit Legasthenie sind oft schon im Vorschulalter verbal sehr stark entwickelt. Manchmal zeigen sie einen Entwicklungsrückstand bei der Erfassung von Raum und Zeit. Manche Kinder möchten auch gar nicht in die Leseecke gehen, während man das von ihnen eigentlich erwarten würde.

In der 1. Klasse fangen solche Kinder oft begeistert an zu lesen, dann bleibt ihre Entwicklung aber rasch zurück. Von manchen Menschen werden sie dann unberechtigterweise als faul bezeichnet.

In der 2. Klasse wird dann oft das Einmaleins zum großen Problem. Zu den Merkmalen der Legasthenie gehören Probleme bei der Automatisierung. Die Automatisierung wird weiter erschwert, weil hochbegabte Kinder oft überhaupt keine Lust zu ständigen Wiederholungen haben, während diese für die Automatisierung unverzichtbar sind. Auch in dieser Phase wird die Ursache oft in schlechter Arbeitshaltung und/oder mangelnder Konzentration gesucht.

In den letzten Klassen der Grundschule werden die Probleme dann immer größer. Das Kind erzielt zunehmend schlechtere Leistungen und verliert oft auch die Motivation. Wenn die Hochbegabung schon jung festgestellt wurde, wird die Kombination mit der Legasthenie öfter richtig erkannt und festgestellt. Ist das nicht der Fall, so wird sie häufig gar nicht mehr erkannt.

Für Kinder mit Legasthenie können einige besondere Anpassungen durchgeführt werden, indem sie von bestimmten Aufgaben, die im Prinzip von allen Schülern in vorgeschriebener Weise absolviert werden müssen, befreit werden. Beispielsweise kann die Lehrkraft dem Kind weniger Schreibaufgaben als dem Rest der Klasse erteilen.

Legasthenie hat aber nicht nur Nachteile. Ein Vorteil der Legasthenie kann darin liegen, dass diese Schüler oft auditiv und verbal sehr geschickt sind und konzeptuell ausgezeichnet verstehen, was eine Lehrkraft erklären oder fragen will. Es ist für sie nur sehr schwer, das Ergebnis oder die Antwort schriftlich zu präsentieren. Für diese Schüler kann es beispielsweise ein geeignetes Hilfsmittel sein, wenn sie Klassenarbeiten mündlich ablegen dürfen.

Auch eine heilpädagogische Unterstützung oder die Hinzuziehung eines schulinternen Betreuers kann eine Lösung sein. Außerdem müsste es für diese Schüler selbstverständlich sein, dass sie manchmal am Computer arbeiten dürfen. Es gibt ausgezeichnete Hilfsmittel (siehe Links im Anhang), die auch zur Unterstützung von Erwachsenen mit Legasthenie benutzt werden können. Beispielsweise können die Schüler dann, wenn die Rechtschreibung eigentlich nicht so wichtig ist (etwa beim Schreiben eines Aufsatzes oder eines Projektberichts), die Rechtschreib- und Grammatikprüfung benutzen, über die jede Textverarbeitung verfügt.

Anpassungsverhalten

Genau wie bei Lukas in Kapitel 4 stellen wir auch bei Johanna Anpassungsverhalten fest. Generell tritt das etwas öfter bei hochbegabten Mädchen als bei hochbegabten Jungen auf. Mehr Informationen finden sich in der Beschreibung der Profile von Betts & Neihart (2010).

Aus der Perspektive einer Lehrkraft ist Johanna eine erfolgreiche Schülerin. Der Respekt vor Autorität ist deutlich erkennbar im Verhalten, das die Gefühle und die Haltung widerspiegelt. Betts & Neihart beschreiben unter anderem die folgenden Merkmale erfolgreicher Schüler:

- erzielt gute Leistungen
- bekommt gute Zensuren
- hat eine abhängige Einstellung
- sucht die Bestätigung/Akzeptanz der Lehrkraft
- ist perfektionistisch
- verhält sich risikovermeidend
- wählt sichere Aktivitäten
- hält sich an die Regeln
- akzeptierend und kooperierend
- konsumiert Wissen

Wie wir schon sahen, denkt Johanna viel über ihre Zukunft nach. Sie kann sich einfach nicht entscheiden, was sie nach dem Abitur machen soll. Eigentlich sieht sie drei Möglichkeiten, die alle bestimmte Vor- und Nachteile haben:

- Musikstudium (Harfe) am Konservatorium
- naturwissenschaftliches Studium
- Beruf im Schulbereich, bei dem sie mit Hochbegabten arbeiten kann

Entscheidungstypen

Im Alltag werden wir ständig mit immer mehr Entscheidungsmomenten konfrontiert. Wenn man nur einmal daran denkt, wie viele Entscheidungen schon im Supermarkt bei ganz einfachen Produkten getroffen werden müssen: bei der Milch zwischen Vollmilch, fettarm oder entrahmt, biologisch oder nicht biologisch, mit Kalzium oder Vitaminen angereichert usw. Ganz zu schweigen von den Auswahlmöglichkeiten beim Brot! Der amerikanische Psychologe Barry Schwartz beschreibt in seinem Buch »Anleitung zur Unzufriedenheit« (The Paradox of Choices), wie man von der »Qual der Wahl« unglücklich werden kann (Schwartz, 2009). Er glaubt, dass Entscheidungsfähigkeit trainiert werden kann, und gibt in seinem Buch Empfehlungen, mit Entscheidungen umzugehen.

Welche Entscheidungsmöglichkeiten gibt es eigentlich?

Wir wollen hier einige Möglichkeiten auflisten. Diese Liste ist aber keinesfalls vollständig, während sich die einzelnen Entscheidungstypen gegenseitig nicht ausschließen:

- die Entscheidung, ob man etwas tut (oder lässt)
- die Wahl aus verschiedenen Möglichkeiten
- die Erwägung, ob man etwas tut und dabei kurz- und langfristige Aspekte berücksichtigt
- einfache und schwierige Entscheidungen
- echte Dilemmata, bei denen Werte kollidieren und jede Entscheidung »schmerzlich« ist

Hochbegabte und Multiple-Choice-Fragen

Wir möchten hier die Probleme erklären, die Hochbegabte so oft mit Entscheidungen haben, und zwar am Beispiel der Multiple-Choice-Fragen. Nauta & Ronner (2008) befragten eine Reihe von Hochbegabten nach ihren Erfahrungen und kamen zu den folgenden Ergebnissen, wie dieses Problem zu erklären ist.

- Hochbegabte geben sich generell nicht mit oberflächlichen Antworten zufrieden. Sie neigen dazu, mehr hinter einer Antwort zu vermuten, als der Verfasser der Fragen beabsichtigte. Multiple-Choice-Fragen basieren oft auf Faktenkenntnis, also Reihen und Auflistungen.
- Hochbegabte konzentrieren sich auch beim Lernen für Klassenarbeiten/Klausuren stärker auf Vertiefung und Argumentationen. Reihen und Auflistungen finden sie uninteressant. Dadurch können sie die Begriffe in den Antworten beziehungsweise die Detailunterschiede in den Antworten nicht immer als solche erkennen.
- Hochbegabte erkennen durch logisches Überlegen oft in mehreren Antworten etwas, was stimmt, wodurch sie an der einzig richtigen Antwort zu zweifeln beginnen. Dadurch fällt ihnen die Entscheidung zwischen den verschiedenen Antworten schwer.
- Hochbegabte sind aber oft auch perfektionistisch und wollen unbedingt die *einzig richtige* Antwort finden. Nur dass diese »fünfte« Antwort nicht dabeisteht …
- Es ist gar nicht so leicht, eine gute Multiple-Choice-Prüfung (also die Frage und alle Antwortmöglichkeiten) zu formulieren. Nicht alle Prüfungsfragen sind klar und eindeutig formuliert, was zu Verwirrung führt. Hochbegabte lassen sich vermutlich schneller durch nicht ganz eindeutige Formulierungen

verwirren. Sie sehen für ein und dieselbe Frage mehrere Interpretationsmöglichkeiten. Dadurch fokussieren sie sich so auf die Formulierung der Frage, dass sie die Antworten nicht mehr richtig lesen. Das gilt übrigens auch bei offenen Fragen. Hochbegabte haben hier, wie übrigens öfter, ein Art »Sensorfunktion« (sie erkennen vieles eher als Menschen mit einer durchschnittlichen Intelligenz).

~ Bei Hochbegabten und besonders den Perfektionisten unter ihnen besteht die Neigung, sich bei vielen falschen Antworten immer wieder die Frage durchzulesen. Möglicherweise ist die Frage nicht richtig oder unklar gestellt, oder sie erscheint viel zu einfach. Doch auch wenn das manchmal so ist – auf die Fragen hat der Prüfling leider keinen Einfluss.

Johanna hat vor Kurzem den oben genannten Artikel über das Problem, das Hochbegabte mit Multiple-Choice-Fragen haben, gelesen sowie auch einen weiteren Text zu diesem Thema (Nauta, Ronner & Groeneveld, 2009). Vieles, was in diesen Texten steht, ist für sie sehr nachvollziehbar. Wenn es generell darum geht, eine Auswahl zu treffen, ist ihr größtes Problem, dass sie unbedingt sofort die richtige Entscheidung treffen will. Sie weiß aber auch, dass sie zu viel nachdenkt, wodurch manchmal ihre Intuition verloren geht.

Wie kann Johanna dieses Entscheidungsproblem in Angriff nehmen?

Zuerst bespricht sie sich mit ihren Eltern. Dadurch kommt sie noch nicht viel weiter. Ihre Mutter sagt: »Ich werde dir nicht sagen, wie ich das an deiner Stelle machen würde. Du musst deine eigene Lösung finden!« Ihr Vater meint, sie müsse das wählen, was sie selbst will. Aber darin liegt ja gerade ihr Problem – sie will alles auf einmal. Daraufhin meint ihr Vater, sie solle eben ihrem Gefühl folgen. Jetzt ist Johanna völlig verwirrt, sie fühlt nämlich sehr viel – wie soll ihr das helfen, eine Entscheidung zu treffen?

Sich vom Gefühl leiten lassen

Man hört das öfter: »Ich lasse mich einfach von meinem Gefühl leiten, das betrügt mich nie.« Doch wie geht das, trügt das Gefühl wirklich nie, und was genau bedeutet »seinem Gefühl folgen«? Manchmal nennen Menschen das ihr »Bauchgefühl« und meinen, dass sie im Bauch fühlen, ob etwas stimmt. In der Psychologie wird von sechs grundlegenden Emotionen ausgegangen (Ekman, 1999):

- wütend
- ängstlich
- froh
- betrübt
- erstaunt
- angewidert

Dieser Theorie zufolge müssten sich alle Gefühle unter einem dieser Oberbegriffe gliedern lassen, wobei es auch Mischformen dieser sechs Gefühle gibt. Sie werden oft an bestimmten Stellen im Körper gefühlt. Jeder kann sich selbst überlegen, wo er ein bestimmtes Gefühl wörtlich fühlt: als Spannung, als besondere Empfindung.

Auch ein hochbegabter Jugendlicher kann sich selbst überlegen, ob er sich eine Situation in letzter Zeit vorstellen kann, in der seine Reaktionsweise nicht den Effekt hatte, den er sich gewünscht hat. Welchen Coping-Stil hatte er da verwendet? Und was wäre geschehen, wenn er stattdessen einen anderen Coping-Stil verwendet hätte?

Er kann sich vornehmen, in einer folgenden ähnlichen Lage diesen anderen Stil einzusetzen und abzuwarten, was dann passiert.

Man kann trainieren, bei sich selbst die körperlichen Symptome der sechs genannten Emotionen zu erkennen. Meist ist es hilfreich, von einer unklaren körperlichen Empfindung zu einer Beschreibung des Gefühls zu kommen. Das hilft nicht nur dem Betreffenden selbst, sondern ist auch sehr nützlich in Gesprächen mit anderen Personen.

Sicher kann man beispielsweise schlecht zu jemandem, mit dem man gerade etwas verabreden will, sagen: Ich will dieses oder jenes mit dir tun, weil mein Gefühl mir sagt, dass das richtig ist. Man kann aber sagen: Ich würde mich freuen, wenn wir zusammen ins Kino gehen. Oder: Ich will die Bergwanderung mit dir nicht machen, weil ich Angst habe, in den Bergen zu wandern.

Wer lernt, diese Gefühle zu benennen, kann mit sich selbst oder mit anderen darüber weiterreden – beispielsweise auch darüber, ob dieses Gefühl wirklich realistisch ist. Vielleicht basiert es ja auch auf Annahmen, die gar nicht stimmen?

Dieses Prinzip kommt auch zum Einsatz in der RET: der Rational-Emotiven Therapie, die wiederum als erster Ansatz zur kognitiven Verhaltenstherapie zu sehen ist. Ihre Grundlage bildet das bereits erwähnte 5-G-Schema (siehe auch Kapitel 1).

So kann Johanna das 5-G-Schema auf sich selbst anwenden

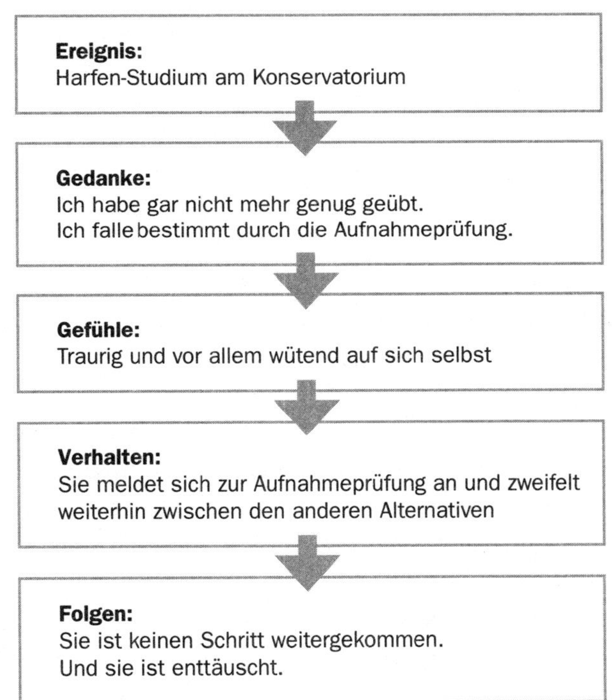

Johanna versucht jetzt, sich bei jeder ihrer drei Alternativen vorzustellen, dass sie sich dafür entscheidet, und dann zu spüren, welches Gefühl dabei bei ihr aufkommt. Sie merkt, dass ihr das nicht wirklich weiterhilft. Alle drei Alternativen stimmen sie froh, aber auch ein bisschen traurig: Wenn sie sich für eine Alternative entscheidet, muss sie die anderen beiden Alternativen fallen lassen. Sie wird ein wenig wütend und auch ungeduldig, weil sie merkt, dass sie so nicht viel weiterkommt. Sie versucht, mithilfe des 5-G-Schemas ihr Gefühl zu verändern, indem sie einen hilfreichen Gedanken »dazwischenschiebt«. Das Schwierigste ist für sie aber, dass es jetzt nicht um ein konkretes Ereignis geht, sondern um einen Gedanken an eine bestimmte Entscheidung. Das wird ihr alles viel zu kompliziert. Geht das wirklich nicht einfacher?

Entscheidung: Wegstreichen

Manche Menschen haben eine Entscheidungsstrategie, bei der sie schrittweise eine oder mehrere Alternativen wegstreichen, um so die Entscheidung übersichtlicher zu machen. Für manche nicht allzu komplexen Entscheidungen kann das sehr hilfreich sein.

Um in ihrem Entscheidungsprozess weiterzukommen, beschließt Johanna, erst mal ein gute Freundin zu fragen, was sie an ihrer Stelle tun würde und warum.

Am nächsten Tag besucht sie Simone, eine ihrer besten Freundinnen. Sie legt Simone ihr Entscheidungsproblem vor und fragt sie, was sie an ihrer Stelle tun würde und warum. Simone findet das eine interessante Frage, mit der sie sich sehr ausführlich auseinandersetzt. Sie meint, sie selbst würde zur Entscheidungsfindung erst schauen, welche Alternative als Erstes wegfallen würde. In Johannas Fall entscheidet sich Simone dafür, kein Studium der Naturwissenschaften zu wählen. Als Grund nennt sie, dass Johanna in diesen Fächern zwar sehr gut ist, aber dass sie darin ihre Kreativität nicht anwenden kann. Außerdem denkt sie, dass man damit nach dem Studium nicht so viel anfangen könne, außer Lehrer zu werden. Unterrichten sei zwar interessant, aber das könne man auch mit anderen Fächern tun. Das sind für Johanna neue Argumente, darauf war sie selbst noch nicht gekommen.

Danach meint Simone, dass eine Karriere in der Musik zwar sehr attraktiv sei, dass aber in diesem Umfeld ein scharfer Wettbewerb herrsche. Ob Johanna damit umgehen kann? Johanna erinnert sich, dass eine ihrer Cousinen am Konservatorium mit einem Gesangsstudium begonnen hatte, aber nach einem halben Jahr aufgehört hat, weil ihr das Konkurrenzdenken zu schaffen machte.

Also bleibt die Alternative »mit hochbegabten Kindern arbeiten« übrig. Damit fühlt Johanna sich nicht so recht glücklich. Einerseits findet sie, dass Simones Strategie Vorteile hat. Sie hat ja auch Argumente vorgebracht, die für Johanna neu sind. Andererseits hat Johanna jetzt das Gefühl, dass es ihr zu schnell geht – sie verliert den Überblick, und Argumente, die für sie wichtig sind, scheinen ihr auf diese Weise nicht ausreichend berücksichtigt.

Für manche Menschen ist das Wegstreichen eine praktische Strategie und Entscheidungshilfe, aber bei Johanna funktioniert das weniger gut. Das liegt daran, dass Simone jetzt vor allem ihre eigenen Argumente anführt. Zwar tut sie dies mit den besten Absichten, sie versucht auch, sich in Johanna hineinzuversetzen, aber es fehlt an Spielraum, damit Johanna selbst herausfinden kann, wo ihre Argumente und Beweggründe liegen. Johanna merkt, dass diese Methode für ihr Problem ungeeignet ist.

Entscheidungshilfe: Kosten-Nutzen-Analyse

Bei einem anderen Ansatz wird so vorgegangen, dass eine Art Kosten-Nutzen-Analyse für die verschiedenen Alternativen durchgeführt wird. Dabei kann es um materielle oder immaterielle Vor- oder Nachteile gehen. Unter den Kosten (Nachteilen) kann beispielsweise verstanden werden:

~ die Investition in Zeit
~ die Investition in Geld
~ das Studium selbst ist nicht so interessant

Unter Nutzen (Vorteilen) kann beispielsweise verstanden werden:

~ die Aussichten auf einen guten Arbeitsplatz, der wirklich Spaß macht
~ die Aussichten auf einen gut bezahlten Arbeitsplatz
~ Studium in einer attraktiven Universitätsstadt

Johanna hat einen Freund, Eric, der Wirtschaftswissenschaften studiert. Als Johanna ihm ihr Problem vorlegt, schlägt er vor, gemeinsam eine Kosten-Nutzen-Analyse für alle drei Alternativen vorzunehmen. Johanna scheint das eine gute Idee zu sein. Sie will es gern ausprobieren, um so herauszufinden, ob sie damit weiterkommt. Gemeinsam erstellen sie diese Tabelle:

Alternative 1: Naturwissenschaftliches Studium

Kosten	**Nutzen**
Ein schweres Studium, kann ich da überhaupt noch andere Dinge nebenher tun?	Darin bin ich gut, und darin kann ich auch mein naturwissenschaftliches Denkvermögen ausleben.
Ob ich da wohl netten Leuten begegne?	Herausforderung
Kann ich damit mehr anfangen als Lehrer werden?	

Alternative 2: Musikstudium (Harfe) am Konservatorium

Kosten	**Nutzen**
Schweres Studium, viel üben	Ich kann ständig Musik genießen
Konkurrenzdenken	Es muss herrlich sein, immer Musik zu machen.
Kann ich das überhaupt? Bin ich dazu gut genug?	Passt zu meiner Kreativität
Kann ich davon später eigentlich leben?	

Alternative 3: Arbeiten mit hochbegabten Kindern im schulischen Bereich

Kosten	**Nutzen**
Kann ich meine Potenziale hier ausreichend anwenden?	Ist meine Berufung, kann eigene Erfahrungen nutzen
	Ich weiß, dass ich das kann
	Studium dauert nicht so lange
	Vielleicht kann ich etwas nebenher tun, z. B. als Amateur Musik machen.

Nachdem sie dies gemeinsam ausgefüllt haben, muss Johanna gründlich nachdenken. Sie ist immer noch nicht überzeugt, dass sie jetzt einer Entscheidung näher gekommen ist, und beschließt, die Tabellen mit nach Hause zu nehmen und noch mal zu überdenken. Sie findet immer noch, dass bei den Argumenten, die sie gesammelt hat, etwas fehlt.

Entscheidung: Wertanalyse

Im Kapitel über Anton haben wir den Wert der »Gerechtigkeit« erklärt. Jetzt wollen wir etwas ausführlicher auf Werte und Normen eingehen; zunächst aber noch etwas zur Ethik im Allgemeinen.

Wie auf S. 14 beschrieben, ist Ethik ist ein Teilgebiet der Philosophie, das sich mit der Frage befasst, was gut ist. Mithilfe einer ethischen Analyse lässt sich folglich untersuchen, ob eine Entscheidung aus ethischer Sicht gut ist. Das kann im Vorfeld einer Entscheidung getan werden, es kann aber natürlich auch im Nachhinein eine Entscheidung analysiert werden, die bereits getroffen wurde. In der Ethik werden drei Strömungen unterschieden:

~ die konsequentialistische Ethik
~ die deontologische Ethik
~ die Tugendethik

Ein Wert kann wie folgt definiert werden: ein Ideal, etwas, was angestrebt wird und was sehr wichtig für jemanden ist. Eine Norm kann definiert werden als das, woran man sich zu halten hat; oft wird dies als »Müssen« formuliert: Man muss ehrlich sein, man muss sich an das Gesetz halten. Gesetze sind eigentlich Normen, also Regeln, in denen festgelegt wurde, wie wir in einer Gesellschaft miteinander umgehen.

Jede ethische Strömung weist eine Reihe dazugehöriger Werte und Normen auf (siehe auch Popov/Kavelin, 1997; Popov 2014):

- Konsequentialismus: Gutes tun – niemandem Schaden zufügen;
- Deontologie: Gerechtigkeit, Ehrlichkeit;
- Tugendethik: Mut, Respekt, Sorgsamkeit.

Wer bei einer Entscheidungsfindung Werte berücksichtigen will, kann sich überlegen, welche Werte bei den Wahlmöglichkeiten unterstützt oder verletzt werden. Wenn es eine schwierige Entscheidung ist, werden wahrscheinlich in jeder Wahlmöglichkeit sowohl Werte unterstützt als auch verletzt. Danach könnte man sich überlegen, welche Werte für einen persönlich am wichtigsten sind, und diese dann stärker berücksichtigen. Anschließend kann man die Entscheidung, die nach dieser Abwägung getroffen wurde, kritisch betrachten: Kann diese Entscheidung vielleicht noch angepasst werden, sodass sie besser abschneidet und andere Werte vielleicht weniger beeinträchtigt?

Am Beispiel Johannas lässt sich dies gut vorführen und erklären: Wie Anton (Kapitel 1) weiß Johanna, dass sie viel darüber grübelt, was ihr nun wirklich wichtig ist. Sie denkt auch viel über Sinnfragen nach, und was sie über Ethik gelesen hat, hat ihr gut gefallen. Könnte das eine Hilfe in ihrem Entscheidungsprozess sein?

Johanna hat kürzlich eine Einleitung in die Ethik gelesen, die sie wirklich faszinierend fand. Darum bittet sie einen Freund ihrer Mutter, Johann, der Philosophie studiert hat, mit ihr ihr Entscheidungsproblem zu besprechen. Er ist gern dazu bereit und lädt Johanna ein, ihn zu Hause zu besuchen. Sie nehmen sich einen ganzen Nachmittag Zeit und legen ein riesiges Flipchart-Papier auf den Tisch. Sie beginnen mit den drei Wahlmöglichkeiten, die Johanna schon im Kopf hatte:

~ naturwissenschaftliches Studium;
~ Musikstudium (Harfe) am Konservatorium;
~ Beruf im schulischen Bereich, bei dem sie mit Hochbegabten arbeiten kann.

Während sie darüber reden, finden sie aber auch noch einige weitere Wahlmöglichkeiten, die Johanna in Betracht ziehen könnte:

~ Pädagogik studieren und im Bereich Hochbegabung arbeiten;
~ ein Jahr etwas völlig anderes tun, beispielsweise irgendeinen Job annehmen oder ein freiwilliges soziales Jahr ableisten.

Danach sammeln sie zu jeder Wahlmöglichkeit die Werte, die Johanna am Herzen liegen. Hier kann man sehen, welche Stichpunkte sie auf den fünf Blättern notiert haben:

Naturwissenschaftliches Studium:
~ Vielleicht kann ich wichtige wissenschaftliche Entdeckungen machen.
~ Kann ich damit eine sinnvolle Arbeit finden? An der Universität gibt es nicht sehr viele Stellen.
~ Ist das vielleicht zu rational für mich?

Studium der Harfe am Konservatorium:

~ Ich kann anderen Menschen durch mein Spiel viel Freude geben.
~ Dann nutze ich mein musikalisches Talent.
~ Hat das gesellschaftlich einen Zweck?
~ Dabei kann ich meine analytischen/wissenschaftlichen Talente vielleicht zu wenig nutzen.
~ Kann ich auf dem musikalischen Niveau überhaupt mithalten?
~ Kann ich als Musikerin meinen Lebensunterhalt verdienen?

Beruf im schulischen Bereich, bei dem ich mit Hochbegabten arbeiten kann:

~ Ich leiste eine gesellschaftlich sinnvolle Arbeit.
~ Bin ich damit vielleicht unterfordert, nutze ich wirklich alle meine Talente?
~ Finde ich das längerfristig vielleicht langweilig?

Pädagogik studieren und im Bereich Hochbegabung arbeiten:

~ Das ist eine befriedigende, gesellschaftlich sinnvolle Arbeit.
~ Bin ich in einem Pädagogikstudium nicht unterfordert?
~ Gibt es überhaupt Stellen auf diesem Gebiet?
~ Habe ich einen ausreichenden Pioniergeist?

Ein Jahr etwas völlig anderes tun, beispielsweise irgendeinen Job annehmen oder ein freiwilliges soziales Jahr ableisten:

~ Dann kann ich eine gesellschaftlich sinnvolle Aufgabe suchen.
~ Dabei lerne ich bestimmt sehr viel – auch für mich selbst und über mich selbst.
~ Oder ist das nur ein Versuch, die Entscheidung vor mir herzuschieben?

Johanna merkt, dass ihr die folgenden Werte ganz besonders am Herzen liegen:

- ~ eine gesellschaftlich sinnvolle Arbeit leisten
- ~ ihre spezifischen Talente ausleben (schließlich hat sie die nicht umsonst bekommen)
- ~ etwas tun, was zu ihrer Persönlichkeit passt (sowohl rational-analytisch als auch kreativ)
- ~ die Sicherheit, dass sie später auch einen Arbeitsplatz finden kann

Zwei musikalisch talentierte Mädchen

Die englische Psychologin Joan Freeman verfolgte das Leben einiger Dutzend hochbegabter Kinder, bei denen sie schon sehr jung Tests durchgeführt und eine Hochbegabung festgestellt hatte, bis zum Erwachsenenalter (Freeman, 2010). Mehrere davon waren ausgesprochen musikalisch. So beschrieb sie das Leben von Anna und von Jocelyn. Anna gewann 1982, im Alter von zwölf Jahren, den BBC-Young-Musicians-of-the-Year-Preis als Klavierspielerin. Sie besuchte schon jung eine Schule mit besonderer musikalischer Förderung. Außerdem wurde sie schon häufig für Konzerte engagiert. Mit 20 begann sie ein Musikstudium an der Universität. Dort begegnete sie einem Jungen, Philip, den sie später heiratete (20 Jahre später sind sie immer noch zusammen). An der Universität bekam sie schon bald Armbeschwerden, die wahrscheinlich überlastungsbedingt waren. Sie spielte weiterhin neben ihrem Universitätsstudium Konzerte, wegen der Beschwerden musste sie aber mit dem Klavierspielen aufhören und begann zu singen. Damals war sie auch sehr depressiv. 14 Jahre später konnte ihr Armproblem gelöst werden; seitdem spielt sie wieder Klavier. Anna ist sehr glücklich mit der Musik.

Jocelyn spielte Oboe. Mit 17 Jahren ging sie an die Universität, um Mathematik und Astronomie zu studieren. Sie spielte im Universitätsorchester und wurde später Präsidentin der Musikgesellschaft der Universität (»Music Society«). Im zweiten Studienjahr übernahm sie die Leitung eines Musicals. Schon bald besuchte sie keine Vorlesungen mehr. Sie bestand Klausuren nicht und verließ die Universität. Seitdem arbeitet sie mit Kindern. Mit 40 erzählte sie, dass sie immer noch mit einem inneren Zwiespalt kämpft: der Entscheidung zwischen Musik oder Wissenschaft.

Hochbegabt studieren

Es wurde kaum erforscht, mit welchen Problemen hochbegabte Studierende in ihrem Studium und in ihrem Privatleben kämpfen. Natürlich gibt es hochbegabte Studierende, bei denen alles rund läuft. Wenn das aber nicht so ist, liegen oft Kombinationen der folgenden Aspekte vor:

~ Langeweile/Unterforderung
~ Enttäuschung (höhere Erwartungen)
~ Einsamkeit (keine Freunde gefunden)
~ das Lernen wurde nie erlernt

Oft ist es keine Lösung, sich für zwei parallele Studiengänge zu entscheiden, weil das einfach nur mehr Stoff ist. Wir würden hochbegabten Studierenden die folgenden Tipps geben:

~ Mach neben deinem Studium etwas völlig anderes, beispielsweise einen Nebenjob, eine ehrenamtliche/politische Tätigkeit oder gründe ein eigenes Unternehmen.
~ Treibe Sport und/oder mach Musik.
~ Such dir ein neues Hobby.

Auch ist zu bedenken, dass das Studium nicht der einzige Faktor ist, der die Arbeit, die man später tun wird, beeinflussen wird, schon gar nicht für den Rest des Lebens. Viele Studiengänge bieten auch während des Studiums noch viele verschiedene Entfaltungsmöglichkeiten, und auch ein späterer Karrierewechsel ist nicht ausgeschlossen.

Noch einmal: Entscheidungen treffen – die Theorie

Aus der Welt der Betriebswirtschaft lernen wir, dass zum Treffen von Entscheidungen eine Pyramide (oder genauer gesagt, ein Dreieck) benutzt werden kann, die verschiedene Strategien illustriert (Russo & Schoemaker, 2002). Wichtig ist dabei, dass diejenige Strategie benutzt wird, die auf die Schwierigkeit der Entscheidung abgestimmt ist. Darum sollten bei einfachen Entscheidungen nicht mehr Schwierigkeiten gesucht werden, als erforderlich sind, während bei schwierigen Entscheidungen nicht unten in der Pyramide angesetzt werden sollte.

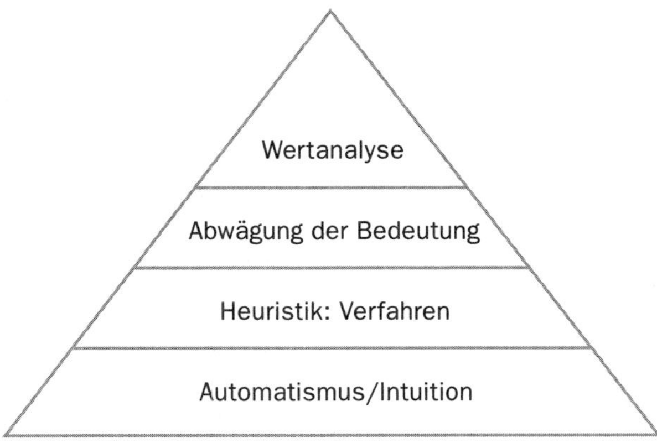

Pyramide für Entscheidungsstrategien (nach Russo & Schoemaker, 2002)

Wir glauben, dass dieses Bild auch sehr nützlich sein kann für Hochbegabte, die Schwierigkeiten bei der Entscheidungsfindung haben. Russo & Schoemaker verwenden hier den Begriff der Intuition, die Strategie ließe sich aber auch als Automatismus bezeichnen: nicht lange nachdenken, sondern einfach das tun, was als Erstes in den Sinn kommt.

Im Rückblick

Johanna

In diesem Jahr bin ich wirklich erwachsen geworden, scheint mir. Indem ich mich in mein Entscheidungsproblem vertieft habe, habe ich wirklich viel gelernt, vor allem über mich selbst (was will ich wirklich?). Aber ich habe auch erkannt, dass man etwas auf verschiedene Weise in Angriff nehmen kann und es selbst in der Hand hat, wie man dabei vorgeht. Es kann hilfreich sein, andere Menschen um ihre Meinung zu bitten – aber auch ganz schön verwirrend. In Zukunft werde ich viel bewusster darüber nachdenken, was genau ich jemanden frage, wenn ich möchte, dass er mit mir mitdenkt. Sonst mischt er sich inhaltlich in meine Entscheidung ein, und das will ich auf gar keinen Fall.

Johannas Freund Eric

Ich finde auch, dass Johanna in der letzten Zeit wirklich sehr erwachsen geworden ist. Selbst habe ich viel davon gelernt, wie sie mit ihrem Entscheidungsprozess umgegangen ist. Ich gehe jetzt auch ganz anders mit Entscheidungen um als früher. Johanna und ich sind uns dadurch ein Stück näher gekommen. Ich gebe zu, dass ich erst dachte: Warum macht sie es sich denn so schwer … Aber jetzt merke ich, dass das eben ihre eigene Weise ist, in der sie Dinge tut, und dass sie auf ihre eigene Weise auch ihr Ziel erreicht.

6. »Gehöre ich irgendwo dazu?«

Sonja hat gerade ihr Abitur bestanden. Sie ist sehr stolz, dass sie das geschafft hat. Gleichzeitig fühlt sie sich aber in dieser Lebensphase sehr unsicher. Immer wieder stellt sie sich die Frage: »Gehöre ich überhaupt irgendwo dazu?« Darum fällt es ihr sehr schwer, zu entscheiden, was sie jetzt mit ihrem Leben anfangen will.

Schon als Sonja vier Jahre war, merkte ihre Erzieherin, dass sie eine schnelle Auffassungsgabe hatte. In der 2. Klasse der Grundschule, da war sie gerade sieben, wurde sie von einer schulinternen Sonderpädagogin auf Hochbegabung getestet. Die Lehrkraft wusste sich nämlich keinen Rat, wie sie Sonja unterrichten sollte. Sie hatte das Gefühl, dass Sonja in manchen Punkten sehr gute Leistungen zeigte, in anderen dagegen überhaupt nicht. Darum wollte sie gern Klarheit über Sonjas Entwicklungsstand. Außerdem erhoffte sie sich Empfehlungen für Sonjas Betreuung in der Klasse. Wie die Tests zeigten, lag Sonja kognitiv auf hochbegabtem Niveau; es wurde aber nicht empfohlen, eine Klasse zu überspringen, weil sie im Lesen einen Rückstand hatte.

Sonja hat zwei ältere Brüder, die ebenfalls hochbegabt sind, und einen jüngeren Bruder und eine jüngere Schwester. Ihre Eltern waren darum nicht sehr verwundert über das Ergebnis.

Frühzeitige Anzeichen für Hochbegabung

Es ist von Vorteil, wenn schon in jungen Jahren festgestellt wird, ob ein Kind hochbegabt ist. Wir wollen hier einige dieser Vorteile auflisten:

- Für die Eltern und oft auch für die Schule ist es meist ein Aha-Erlebnis, wenn die Hochbegabung erkannt wird.
- Die Schule kann gezielter vorgehen und dem Kind geeigneten Unterrichtsstoff auf eine für dieses Kind geeignete Weise anbieten.
- Die Eltern vertiefen sich in die Thematik und können, falls erforderlich, ihre Herangehensweise anpassen und/oder professionelle Hilfe hinzuziehen.
- Wenn es dem Kind richtig erklärt wird, kann die Feststellung der Hochbegabung für das Kind eine Erleichterung sein: Es weiß jetzt, warum es oft glaubt, »anders« zu sein und sich »anders« zu fühlen als die anderen Kinder.

Mit einer frühen Erkennung sind jedoch auch Nachteile verbunden:

- Viele Kinder halten ihre Hochbegabung für »merkwürdig« und wollen nicht, dass andere Kinder es merken.
- Die Hochbegabung kann von der Umgebung als Stempel oder als Behinderung empfunden werden. Kinder wollen nämlich nicht auffallen, darum wollen sie auch nicht anders behandelt werden als die anderen Kinder.
- Wenn die Schule keine adäquate Betreuung bieten kann oder will, kann dies zu Unstimmigkeiten zwischen den Eltern und der Schule führen.

Beide Auflistungen könnten noch fortgesetzt werden. Wichtig ist es, dass die Eltern gut über die Vor- und Nachteile nachdenken, bevor sie beschließen, ihr Kind testen zu lassen. Häufig spielen noch weitere Faktoren eine Rolle bei dieser Entscheidung.

- ~ Oft wissen die Eltern im Grunde schon, dass ihr Kind bestimmte Entwicklungsphasen schneller durchlaufen hat als andere Kinder, weil sie selbst hochbegabt sind. Mithilfe eines Testergebnisses und von Empfehlungen suchen sie die Schule zu überzeugen, die richtige Betreuung für das Kind bereitzustellen, die auf seine (Unterrichts-)Bedürfnisse abgestimmt ist. Manche Schulen sind erst dazu bereit, etwas zu unternehmen, wenn die Eltern ein Testergebnis vorlegen können.
- ~ Kinder mit einem schwachen oder unrealistischen Selbstbild können sich durch den Test noch unsicherer fühlen: »Wahrscheinlich stimmt etwas nicht mit mir ...«
- ~ Intelligenztests werden in verschiedener Weise und verschiedener Zusammensetzung durchgeführt; die Kosten liegen grob geschätzt zwischen 250 und 400 Euro.
- ~ Zwar gibt es viele Anbieter auf dem Markt für derartige Tests, einen wirklich anerkannten Test für die Diagnostik von Höchstbegabung (IQ größer als 145) gibt es jedoch nicht.

Von erwachsenen Hochbegabten hören wir oft, dass sie froh waren, als sie von Ihrer Begabung erfuhren. Dadurch verstanden sie sich selbst gleich viel besser. Niemand war im Nachhinein der Ansicht, er hätte das lieber nicht wissen wollen.

Die Gründe einer Entscheidung für oder gegen einen Test sind für jedes Kind und für jede Situation letztlich unterschiedlich. Wenn man sich für einen Test entscheidet, ist es wichtig, dass Eltern, Kind und Lehrkraft richtig betreut werden und dass sie vorher darüber reden, welche Konsequenzen das Ergebnis haben könnte.

Zum Glück war Sonjas Schule durchaus interessiert und bereit, eine Hochbegabtenbetreuung aufzubauen. Dazu wurden schlankere Lehrpläne (nur neuer Stoff, weniger Übungs- und Wiederholungsaufträge) im Fach Rechnen entwickelt, manchmal wurde auch in Projektform gearbeitet. Schon bald ging Sonja wieder gern zur Schule, besonders, als ein spezieller Leistungskurs für Erdkunde angeboten wurde. In der Zeit, die frei geworden war, besuchte Sonja sehr gern diesen Kurs, der von einem begeisterten Erdkunde-Gymnasiallehrer im Ruhestand erteilt wurde. Für die Schule war damit kein großer Mehraufwand verbunden; schließlich wurde der Lehrplan auch für Schüler, denen es schwerfiel, den regulären Lehrplan zu schaffen, in ähnlicher Weise angepasst. So wurde die Möglichkeit geschaffen, ein individuelles Programm zu verwirklichen.

Auch in der restlichen Grundschulzeit ging es Sonja immer recht gut. Obwohl sie zunächst keine Klasse übersprang, durfte sie dann doch relativ früh an das Gymnasium wechseln. Danach lief der Lernprozess völlig reibungslos.

Zu Hause hatte Sonja sich immer dümmer gefühlt als die anderen Familienmitglieder. Das hatte sie daraus abgeleitet, mit welchem Blick sie sie anschauten, wenn sie etwas erzählte. Wenn ihre Brüder etwas erzählten, schienen die anderen alle sehr interessiert, wenn dagegen Sonja etwas erzählte, schienen sie gelangweilt und unaufmerksam. Aber stimmte das überhaupt, oder bildete sie sich das nur ein?

Hochbegabte Mädchen

Wie der amerikanische Psychologe Lewis Terman, ein Pionier der Hochbegabtenforschung, herausfand, haben Mädchen im Alter von etwa zweieinhalb bis 14 Jahren einen Vorsprung in ihrer geistigen Entwicklung gegenüber den Jungen. In der Sekundarstufe ist es dann aber umgekehrt: Terman kam zu dem Schluss, dass hochbegabte Mädchen ungefähr im dritten Jahr des Gymnasiums die sowohl daheim als auch in der Schule vermittelte Botschaft begriffen haben, es sei sicherer, sich geistig nicht hervorzutun und sich nicht von den Gleichaltrigen abzuheben.

Natürlich gibt es auch viele hochbegabte Mädchen, bei denen es in der Schule gut lief. Für eine optimale schulische Laufbahn spielen auch andere Faktoren eine Rolle, wie zum Beispiel:

~ die eigene Persönlichkeit
~ Lebenseinstellung und Einsatz der eigenen Talente
~ Identität und Selbstbild
~ Eltern und andere Personen im Umfeld
~ schulisches Umfeld
~ Freundeskreis

Aus sozialer Sicht hatte Sonja öfter Probleme. Echte Freundinnen hatte sie selten und andere Kinder betrachteten sie oft als »anders«. Sonja reagierte auffällig schnell und begeistert, wenn über Themen gesprochen wurde, für die andere Kinder kein Interesse hatten, beispielsweise Politik: Sonja las jeden Morgen die Zeitung. Ihre Mitschüler hielten sie eigentlich für eine Streberin.

Darum absolvierte Sonja auf Empfehlung ihres Klassenlehrers ein Selbstsicherheitstraining. Trotzdem fühlt sie sich noch sehr oft »anders«.

Sonja zieht jetzt manchmal eine Parallele zwischen Hochbegabung und Homosexualität: Man darf »so« sein, aber nur unter der Voraussetzung, dass man sich an die anderen anpasst. Sie hat das Gefühl, dass ihre eigenen Meinungen und Ideen nur dann akzeptiert werden, wenn sie diese an die Vorstellungen der Mehrheit anpasst. Sie versteht sich auch nicht so leicht auf Anhieb mit anderen Menschen, vielleicht auch, weil den anderen schon bald auffällt, dass sie intelligenter ist. Sonja begegnet eigentlich nur wenigen Menschen auf ihrem eigenen Niveau. Dieses Gefühl würde sie gern loswerden. Aber die Menschen, mit denen sie sich gut versteht, müssten erst noch in ihr Leben kommen.

Soziale Kompetenzen

Im Kapitel 4 hatten wir das Thema der (Über-)Anpassung bereits angeschnitten. Hier wollen wir ausführlicher über die sozialen Kompetenzen informieren.

Kinder und Jugendliche mit einem Entwicklungsvorsprung fühlen sich recht oft hin- und hergerissen zwischen zwei Extremen: mit der Gruppe mitmachen, wobei ihnen durch das Gefühl der Zusammengehörigkeit Werte wie Sicherheit, Vertrauen und Freundschaft vermittelt werden, oder den eigenen Weg verfolgen, was Gefühle wie Einsamkeit, Distanz und Nichtdazugehörigkeit mit sich bringt. Anders ausgedrückt: Je stärker ein Kind vom Durchschnitt abweicht, desto schwieriger wird es, jemanden mit denselben Interessen zu finden.

Wenn ein Kind gute Leistungen erzielt, wird es häufig als Streber oder gar als »Lehrerliebling« bezeichnet. Das alles bedroht die soziale Integration von Kindern mit einem Entwicklungsvorsprung. Sehr wichtig ist dann, dass frühzeitig erkannt wird, wenn eine soziale Ausgrenzung droht – und dass dann auch eingegriffen wird. Zu diesem Zweck kann eine Gesprächstherapie mit einem Psychologen gewählt werden, aber auch Gespräche mit einem Lehrer können sehr sinnvoll sein. Vorstellbar ist auch, dass in der Schule eine Gesprächsgruppe von mehreren Mädchen gegründet wird, die dieselben Verhaltensmuster zeigen, beispielsweise unter Anleitung eines verständnisvollen Klassenlehrers.

In diesen Gesprächen können z. B. die folgenden Themen zur Sprache kommen:

- ~ Wie stärke ich meine Selbstsicherheit?
- ~ Wie treffe ich Entscheidungen?
- ~ Wer sind meine Rollenvorbilder? Beispielsweise erfolgreiche Frauen im eigenen Umfeld, aber auch in der weiteren Umgebung.

Eine solche Gruppe muss natürlich auch Spaß machen, damit die Mädchen gern daran teilnehmen. Darum ist auch der richtige Name für die Gruppe wichtig – er sollte sich stark, positiv und auf keinen Fall bedauernswert anhören.

Was hat Sonja gelernt? Mit den anderen Mädchen zusammen hat sie viel über ihren Platz in ihrer Familie geredet. Für mehrere der anderen Mädchen aus der Gruppe war erkennbar, dass Sonja sich dümmer fühlte als ihre Brüder. So bekamen die Mädchen auch ein Gefühl der Abhängigkeit und verhielten sich verletzlich – aus Angst, unabhängig zu sein. Eine Frage, die man sich selbst stellen kann, lautet: »Habe ich eigentlich die Tendenz, mich unterzuordnen?« oder »Verhalte ich mich wie Aschenputtel?« (Dowling, 1989).

Kürzlich hat Sonja eine wirklich tolle Erfahrung gemacht. Bei einem für Jugendliche organisierten Wochenende lernte sie Ben, einen netten Jungen, kennen. Sie merkten beide sofort, dass sie schnelle Denker sind und ihren Humor gegenseitig verstehen. Ben wohnt aber ziemlich weit weg, Sonja hofft jetzt, dass sie einen Studienplatz in der Nähe seines Wohnorts bekommen kann. Vorerst haben sie intensiven Kontakt über SMS und Skype.

Sonja ist musikalisch wie viele in ihrer Familie. Sie spielt Bratsche, damit hat sie schon als Kind angefangen. Kognitiv kann sie die naturwissenschaftlichen Fächer gut bewältigen, aber sie machen ihr eigentlich nicht viel Spaß. Erdkunde bleibt ihr Lieblingsfach. Im September wird sie ein Soziologiestudium beginnen.

Außerdem spielt sie sehr gern Computerspiele, obwohl sie selbst meint, sie sei darin nicht besonders gut: ihre Augen-Hand-Koordination ist nämlich eher schwach. Durch mehr Übung könnte sie das verbessern, aber dafür kann sie nur dann die Geduld aufbringen, wenn es sofort zu sichtbaren Ergebnissen führt. Als Ursache für ihren Mangel an Geduld gibt sie selbst an, sie sei es gewöhnt, dass sie die meisten Aufgaben sofort gut bewältigen kann, wodurch sie solche Fähigkeiten wie die zum Üben erforderliche Konzentration und Geduld nicht erlernt hat. Diese Begründung nutzt sie auch gern als Entschuldigung dafür, sich vor Arbeiten zu drücken.

Im Allgemeinen sieht Sonja ihre Hochbegabung als etwas Wertvolles an und will auch gern in Zukunft beruflich hochbegabte Kinder betreuen. Was sie in den letzten Jahren gelernt hat, besonders in den verschiedenen Gruppentreffen, ist für sie sehr nützlich. Sie hofft, dass sie damit auch anderen Menschen helfen kann. Zurzeit betreut sie schon eine hochbegabte Schülerin in der ersten Gymnasialklasse.

Bei der Betreuung von hochbegabten Schülern merkt Sonja, dass es durchaus Menschen gibt, die sich für diese Thematik interessieren. Bis vor Kurzem hat sie aber nie jemanden lange und gründlich genug gekannt, um selbst zu erfahren, wie es sich anfühlt, wenn man sich verstanden fühlt. Aber ihre jetzige Beziehung mit ihrem Freund hat das verändert: Er ist vermutlich auch hochbegabt. Beide finden es angenehm, dass sie das hohe Denktempo und die zahlreichen Assoziationen teilen. Ben ist wie Sonja ein Einzelgänger und hat nicht viele Freunde. Beide reden häufig darüber, dass sie gern etwas mehr dazugehören würden.

Freundschaften unter Hochbegabten

Nach einer gängigen Vorstellung hinken Hochbegabte in ihrer sozialen Entwicklung ihren Altersgenossen hinterher. Verschiedene Studien haben aber gezeigt, dass es gar keinen so großen Unterschied im Sozialverhalten von hochbegabten Menschen und von durchschnittlich begabten Menschen gibt (Lehman & Erdwins, 1981). Es gibt aber Faktoren, die einen besonderen Einfluss darauf haben können und die in der Betreuung zu Hause und in der Schule berücksichtigt werden müssen (Bruin-de Boer & Gerven, 2009; Preckel & Vock, 2013), wie zum Beispiel die Entwicklung von Freundschaften und der Kontakt mit Gleichaltrigen in der Schule. Die Ursachen dafür, warum manche Hochbegabte eine andere soziale Entwicklung durchlaufen, können sehr unterschiedlich sein: Begabte Kinder haben schon im jungen Alter oft hohe Erwartungen an Freundschaft und sind dann enttäuscht, wenn das Vertrauen, das sie geschenkt haben, verletzt wurde. Außerdem haben sie oft einen viel komplexeren Sprachgebrauch und Wortschatz als gleichaltrige Kinder, während sie auch soziale Entwicklungsphasen schneller durchlaufen. Auch dadurch kann die Kommunikation beeinträchtigt werden. Davon abgesehen sind ihre Interessen auch oft andere. Weil Freundschaften aber in diesem Alter eine immer größere Rolle spielen (Jugendliche lassen sich immer weniger dadurch beeinflussen, was ihre Eltern meinen, sie lösen sich zunehmend von ihnen), ist nicht ausgeschlossen, dass die Entwicklung einer eigenen Identität und eines gesunden Selbstbilds bei Kontaktschwierigkeiten negativ verläuft.

Es ist sinnvoll, dass Kinder sich schon im jungen Alter der Unterschiede bewusst werden, die es in der sozialen Entwicklung gibt. Gespräche darüber anhand eigener Erfahrungen appellieren an die Fähigkeit des sozialen Verständnisses, das Einfühlungsvermögen und die Einsicht in zwischenmenschliche Beziehungen, die diese Kinder oft schon besitzen.

So können die unterschiedlichen Rollen in sozialen Beziehungen deutlich werden: Mit dem einen Freund kann man politische Themen besprechen, während man mit einem anderen Freund oder einer Freundin gern »um die Häuser zieht«, seinen Computer repariert oder einen Abend gemeinsam kreativ Musik macht.

Sonja und Ben finden, dass ihr Leben durch Kontakte mit Gleichaltrigen bunter werden würde. Solche Kontakte haben sie jetzt zu wenig. Vielleicht finden sie ja andere, möglicherweise auch hochbegabte Jugendliche, mit denen sie sich anfreunden können. Aber wie findet man die?

Wo findet man hochbegabte Freunde?

Die einfachste Art, Kontakte mit anderen Jugendlichen ungefähr desselben Alters zu knüpfen, sind gemeinsame Hobbys oder Interessen. Natürlich lernen sich die meisten Jugendlichen in der Schule kennen, aber gerade auch in Sportvereinen werden Freundschaften geknüpft. Jugendliche treffen sich oft auch (persönlich), nachdem sie sich über eine virtuelle (Spiel-)Umgebung kennen gelernt haben. Auch beim gemeinsamen Musizieren entstehen oft gute Freundschaften.

Wenn es jemandem schwerfällt, freundschaftliche Beziehungen zu knüpfen, stellt sich natürlich die Frage, woran das liegt. Hilfestellungen dabei bieten Betreuungsprogramme und Gesprächsgruppen. Außerdem können Hochbegabte wie andere natürlich auch, nach (virtuellen) Treffpunkten von Menschen mit gemeinsamen Interessen suchen. Über das Internet ist es heute viel einfacher, nach bestimmten Themen zu suchen und Menschen kennenzulernen (siehe Links im Anhang). Man kann auch nach Hochbegabten in seiner eigenen Altersgruppe suchen oder zu »Mensa« (www.mensa.de) oder der sogenannten »Triple Nine Society« für Menschen, die beim IQ-Test höher als 99,9 Prozent abschneiden, Kontakt aufnehmen (www.triplenine.org). Bei allen diesen Organisationen können leicht über die verschiedenen Mailinglisten Kontakte aufgebaut werden. Für viele Jugendliche ist es eine Erleichterung, wenn sie Menschen kennenlernen, die genauso denken wie sie selbst. Dann fühlen sie sich endlich nicht mehr »anders«: Sie haben das Gefühl, dazuzugehören.

Obwohl Sonja Brüder hat, die hochbegabt sind, bedeutet das in ihrem Fall nicht, dass sie sich ihnen zugehörig fühlt. Eher im Gegenteil: Sie glaubt nämlich, ihre Brüder seien viel intelligenter als sie selbst.

Sonja weiß auch, dass sie ihre Talente besser nutzen könnte. Nur ist sie sich noch unschlüssig, wie sie das in Angriff nehmen soll. Sie ist oft ängstlich, findet, dass sie ihr Leben nicht genug genießt, und möchte sich darum von einem Psychologen betreuen lassen.

Für das viele Nachdenken hat Sonja aber eine Lösung: Sie hat nämlich angefangen zu bloggen und merkt, dass ihr das richtig guttut.

Über das Internet und eine Gesprächswebseite für jüngere Hochbegabte findet Sonja eine Psychologin, der sie vertraut. Diese Psychologin, Judith Diehl, deren Kinder auch hochbegabt sind, hat sich in die Thematik der Hochbegabung vertieft.

Nach drei einleitenden Gesprächen beschließen Sonja und Judith gemeinsam, dass sie an den folgenden Punkten arbeiten wollen:

~ Sonja will mehr mit ihren Talenten anfangen.
~ Sie will ihre ständigen Zweifel analysieren und damit umgehen lernen.
~ Sie will lernen, das Leben zu genießen.

Zunächst vereinbaren sie sieben Gesprächstermine.

Talente (besser) nutzen

Viele Hochbegabte haben Talente in verschiedenen Bereichen, aber leider setzen sie diese nicht immer in die Praxis um. Das ist auch für sie selbst bedauerlich, denn dadurch versinken sie oft in Interesselosigkeit und Passivität. Doch es gibt Wege, zu lernen, mehr mit seinen Talenten anzufangen.

Zuallererst muss man herausfinden, was einen wirklich glücklich macht. Wer ein Ass in Mathematik ist, aber keine Freude daran hat, für den ist eine Mathematikstudium wohl doch nicht das Richtige. Wer ein Instrument sehr gut spielt, aber selbst nicht von seinem Spiel berührt wird, kann vielleicht einmal herausfinden, woran das liegt – vielleicht liegt der Musiklehrer nicht auf derselben Wellenlänge oder die Musikrichtung passt nicht.

Das alles sind Fragen, die man mit einem Psychologen besprechen könnte. Letztlich kann sich aber nur jeder selbst die richtigen Antworten geben.

In Kapitel 7 gehen wir noch ausführlicher auf Hochbegabung in Kombination mit außergewöhnlichen Talenten und Leidenschaften ein.

Judith gibt Sonja den Auftrag, eine Liste der Dinge zu machen, die sie gut kann. Sie soll erst selbst damit anfangen und dann ihre Familie und Freunde fragen, worin Sonja ihrer Meinung nach gut ist. Das bereitet ihr zwar ein bisschen Unbehagen, aber sie tut es trotzdem. Im Gespräch in der darauf folgenden Woche zeigt sie Judith die folgende Liste:

~ musikalisch
~ begeisterungsfähig
~ großes Interesse für andere Länder und Kulturen
~ politisches Interesse und soziales Engagement
~ begreift schnell, was andere brauchen

~ kann eine komplexe Situation schnell in Worte fassen
~ kann gut schreiben

Sonja findet, dass diese Liste stimmt. Jetzt besprechen sie gemeinsam eine Reihe dieser Stärken. Judith erklärt ihr, dass alle Stärken sich auch immer in ihr Gegenteil umkehren können, wenn sie übertrieben werden.

Sonja lernt auch das Prinzip der Kernqualitäten und Fallen kennen (siehe Kapitel 1). Jetzt macht sie ein Kernquadrat für ihre Falle (das Gefühl, nirgendwo dazuzugehören). Dieses Kernquadrat sieht so aus:

Kernqualität Gefühl der inhaltlichen Verbundenheit	**Falle** Gefühl, nirgendwo dazuzugehören
Allergie Oberflächlichkeit	**Herausforderung** Verbindung mit anderen Menschen suchen

Dies hilft Sonja dabei, sich selbst besser zu verstehen: Sie lernt, dass ihre Falle (das Gefühl, nirgendwo dazuzugehören), zurückzuführen ist auf ihre Kernqualität »Gefühl der inhaltlichen Verbundenheit«. Vielleicht ist dies ja ein Ziel, auf das Sonja sich in Zukunft orientieren will? Möglicherweise passt dies gut zu dem von ihr gewählten Studienfach der Sozialgeografie und ihrem politischen Engagement. Außerdem kommt Sonja zu einer ganz persönlichen Erkenntnis: Sie hat sich zu Hause zwischen ihren Brüdern immer wie ein Dummchen gefühlt. Judith erklärt ihr, dass dies bei vielen hochbegabten Mädchen vorkommt und dass dieses

Gefühl hauptsächlich im Alter zwischen ungefähr 9 und 14 Jahren entsteht. Wegen ihres Anpassungsvermögens und der Erwartungen aus ihrer Umgebung schneiden Mädchen unter ihrem Niveau ab und fühlen sich dann dümmer, als sie wirklich sind.

Anschließend thematisiert Sonja mit Judith ihre ständigen Zweifel an allem und jedem. Zunächst beschreibt sie einige konkrete Situationen, an die sie sich aus der letzten Zeit erinnern kann: Zweifel über die Wahl des Studienfaches, ist sie eigentlich die richtige Partnerin für Ben, will sie überhaupt weiterhin Bratsche spielen und kann sie den Unterricht bezahlen?

Judith und Sonja besprechen gemeinsam, was Zweifel eigentlich ist. In diesen Gesprächen kommt sie zu dem Schluss, dass Zweifel sehr positiv sein kann: Man wägt schließlich alles gegeneinander ab. Das kann aber auch zu enormer Unsicherheit führen, die zur Folge hat, dass man auch an ganz einfachen Dingen zweifelt. Über die Schwierigkeiten bei Entscheidungen haben wir schon in Kapitel 5 viel geschrieben.

Im Internet findet Sonja eine Sammlung mit Zitaten über den Zweifel. Dabei fällt ihr vor allem ein Zitat des niederländischen Schriftstellers Gerard Reve auf: »Das Elend ist, dass der Zweifel sich viel besser verteidigen lässt als irgendeine klare Einstellung.« Für Sonja ist dieses Zitat ein Denkanstoß: Sie will herausfinden, ob sie im Nebenfach Philosophie studieren kann.

Anschließend redet Sonja mit Judith weiter darüber, wie man richtig genießt. »Eigentlich eine verrückte Frage. Das müsste doch ganz von selbst gehen«, meint sie. »Warum müssen wir erst darüber reden, bevor ich genießen kann?« Inzwischen fühlt Sonja sich aber allmählich schon etwas sicherer. Und sie merkt, dass sie dadurch auch mehr genießen kann. Dies bespricht sie mit Judith. So lernt Sonja, wie sie bei sich selbst beobachten kann, dass sie genießt, welches Gefühl dazu passt und dass sie, wenn sie sich dessen bewusst wird, auch mehr genießt. So verstärkt sich dieser Prozess selbst. Sonja merkt, dass sie schon die Zeit, die sie mit ihrem Freund verbringt, intensiver genießen kann. Und sie freut sich jetzt enorm darauf, dass sie in einem Monat mit ihrem Studium anfangen kann.

Im Rückblick

Sonja

Neulich habe ich in der Zeitung einen Artikel über den Abstand zwischen Bevölkerungsgruppen in bestimmten Stadtteilen gelesen. Wie sich herausstellt, möchten die meisten Menschen gern unter anderen Menschen wohnen, die Ähnlichkeit mit ihnen haben, das ist sicher und vertraut. Wie das Sprichwort schon sagt: Gleich und gleich gesellt sich gern. Vielleicht ist es genau das, was ich so lange gesucht habe: Menschen, die Ähnlichkeit mit mir haben und bei denen ich mich sicher fühle. Einen solchen Menschen habe ich in Ben gefunden, aber auch in den netten Kontakten, die ich mittlerweile an der Universität aufgebaut habe, und in einer Gesprächsgruppe von Jugendlichen, mit der ich mich mindestens einmal im Monat treffe.

Sonjas Psychologin Judith

Sonjas Frage lautete zunächst: Gehöre ich irgendwo dazu? Als ich Sonja kennenlernte, änderte sich ihre Fragestellung. Die Frage brachte im Grunde ein Symptom zum Ausdruck, sie fühlte sich einsam. Als wir das gemeinsam analysierten, stellten wir drei Dinge fest, an denen wir weitergearbeitet haben. Das erlebe ich öfter. Die Menschen, die zu mir kommen, leiden unter einem bestimmten Gefühl. Es gibt etwas, worüber sie unglücklich sind. Wenn wir uns dann gemeinsam damit beschäftigen, können wir die Frage neu formulieren, sodass wir daran arbeiten können. Dies ist dann immer ein sehr schöner Moment, sowohl für meinen Gesprächspartner als auch für mich selbst.

Bei Sonja fällt ihre Begeisterungsfähigkeit auf, die sich unter anderem durch ihr politisches Engagement äußert. Außerdem hat sie einen

Blog angefangen und ein Forum gegründet, in dem sich hochbegabte Jugendliche näherkommen können. Sie findet, dass gerade für diese Gruppe soziale Netzwerke notwendig sind; heutzutage müssen die Schüler oft alles selbst herausfinden.

Sonjas Rolle in ihrer Familie ist auch ein Thema: Unter ihren Brüdern fühlte sie sich weniger kompetent, sie fühlte sich ihnen weit unterlegen. Das wurde in unseren Gesprächen deutlich. Selbst beschäftige ich mich auch sehr mit diesem Thema, weil ich von vielen meiner weiblichen Patienten höre: »Mein Bruder, *der* ist *wirklich* hochbegabt!«

7. »Ich will mein Leben selbst organisieren!«

Schon früh wurde mit einem IQ-Test festgestellt, dass Jonas hochbegabt ist. Am Ende der 1. Klasse der Grundschule konnte er schon besser lernen als seine Mitschüler. Weil er mit dem Unterrichtsstoff oft schneller fertig war, fing er an, sich zu langweilen. Dann dachte er sich Dinge aus, um sich zu beschäftigen. So las er beispielsweise wochenlang alle Bücher auf dem Kopf (bis es der Lehrerin auffiel, weil er statt »nun« immer »unu« sagte), in römischen Ziffern zählte er bis 200 und an den Rand von Hausaufgaben (aber auch von Heften und Büchern) kritzelte er kleine Zeichnungen. Zu Beginn der 2. Klasse wurde er dann getestet. In der Mitte dieser Klasse durfte er in die 3. Klasse springen. Später durfte er dann nochmal überspringen.

Jonas erzählt

Im Allgemeinen fühle ich mich wohl in meiner Haut, auf jeden Fall, seitdem ich auf dem Gymnasium bin. Zum Ende meiner Grundschulzeit waren manche Mitschüler ziemlich gemein zu mir, weil ich ja »anders« war als sie. Als ich wegen der Hochbegabtenförderung öfter fehlte, hatten sie dafür gar kein Verständnis. Seit dem Gymnasium habe ich mich zwar hin und wieder »anders« gefühlt, das machte mir aber nicht mehr so viel aus. Ich merke immer noch, dass ich eine schnellere Auffassungsgabe habe, aber im Studium habe ich genug Themen gefunden, die ich nicht so leicht verstehe und für die auch ich mich ordentlich anstrengen musste.

Die Hochbegabung hat heute wenig Einfluss auf mein Leben. Über mein Studium und meinen Sport habe ich vor allem Kontakte mit anderen intelligenten und manchmal auch hochbegabten Menschen, da falle ich eigentlich nicht mehr aus dem Rahmen. Außerdem konnte ich mich zum Glück sozial immer gut entwickeln. Früher ärgerte es mich, wenn andere Menschen etwas nicht begriffen und ich etwas noch ausführlicher erklären musste. Was mir, auch jetzt noch, viel mehr zu schaffen macht, sind bestimmte Geräusche, scharfe Geruchs- und Geschmacksempfindungen, die Etiketten in Kleidung oder die Textur von bestimmten Lebensmitteln. Wie kann ich nur lernen, damit umzugehen?

Was ist Hochsensibilität?

Wie schon in Kapitel 1 beschrieben, ist eine Hochbegabung oft auch mit Hochsensibilität verbunden. Darunter verstehen wir die schnelle und intensive Wahrnehmung von (im Allgemeinen allen) sinnesphysiologischen Reizen. Möglicherweise gibt es dafür bei hochbegabten Menschen eine physiologische Ursache, nämlich Bau und Funktionsweise der Nerven. Insbesondere geht es dann um die Nervenfasern und die Myelinscheide, über die die Reizleitung verläuft.

Viele Hochbegabte haben ein sehr empfindliches Gehör, wodurch ihnen viele Geräusche, auch Gespräche in der Umgebung, buchstäblich »auf die Nerven« gehen. Relativ häufig kommt auch eine Überempfindlichkeit gegen Licht (verbreitertes Gesichtsfeld) und taktile Reize (Stoffe, Kleidungsetiketten) vor.

Durch die Hochsensibilität werden Reize also schnell und intensiv aufgenommen. Sie bilden die Eingangsgröße dafür, was eine Person fühlt, was wiederum zusammenhängt mit ihrem Denken und ihrem Sein. Hochsensibilität kann eine sehr positive Eigenschaft sein. Wahrscheinlich sind viele Künstler hochempfindlich: Die Eindrücke, die auf sie einwirken, können äußerst starke Gefühle bei ihnen hervorrufen, die sie dann kreativ-schöpferisch umsetzen. Wer sozial hochempfindlich ist, kann vieles spüren, was andere Menschen beschäftigt, wie sie sich fühlen und was sie brauchen (siehe auch Kapitel 8). Möglicherweise ist dies eine Kombination von sehr intensiver Wahrnehmung mit einer großen sozialen Intelligenz, die manche Menschen schon in jungem Alter besitzen.

Auf der Webseite www.hochsensibel.org steht ein Test, mit dem man die Hochsensibilität »messen« kann. Solche Tests gibt es inzwischen auch auf anderen Webseiten. Jedoch sollte man hier unbedingt kritisch sein, denn wenn die Testperson schon etwas über Hochsensibilität weiß und selbst glaubt, hochempfindlich zu sein, kann der Test nicht mehr zuverlässig ausgefüllt werden. Zudem ist der Testaufbau unübersichtlich, da sowohl Merkmale als auch Fallen durcheinander genannt werden. Es ist auch zu bedenken, dass die Testergebnisse von Internettests lediglich Anhaltspunkte darstellen. Einen wissenschaftlich anerkannten Test zur Diagnostik von Hochsensibilität gibt es bislang nicht.

Die amerikanische Psychotherapeutin und Universitätsdozentin Elaine Aron (2005, 2008), die entscheidend zur Definition des Begriffs HSP (»Highly Sensitive Person«, hochsensible Person) beigetragen hat, stellte in Untersuchungen fest, dass nach ihren Kriterien ca. 20 Prozent der Bevölkerung hochsensibel sind. Sie geht davon aus, dass es sich wahrscheinlich um eine erbliche Eigenschaft handelt, die ebenso oft bei Männern wie bei Frauen vorkommt.

Hochsensibilität ist an und für sich eine sehr schöne Eigenschaft, sie ist aber auch mit Nachteilen verbunden. Manchmal wird eine hochsensible Person so mit Eindrücken überflutet, dass sie sie gar nicht richtig verarbeiten kann. Das kann eine Überlastung der Sinne zur Folge haben, aber auch des Gefühls, weil so viele und so heftige Reize auf das Gefühl einwirken. Beispielsweise kann das Lesen oder, etwa beim Führen eines Gesprächs, das Zuhören durch Umgebungsgeräusche erschwert werden. Die

Reizüberflutung kann zu Stress führen, einschließlich aller damit verbundenen Symptome: ein Gefühl der nervlichen Anspannung mit vielen körperlichen Symptomen wie Kopfschmerzen, Darmbeschwerden, Konzentrationsstörungen und Ähnlichem.

Manche Forscher sind der Ansicht, dass hochsensible Menschen im Allgemeinen auch öfter unter Allergien und körperlichen Beschwerden, stärkeren oder gerade schwächeren Reaktionen auf Arzneimittel sowie einem häufigeren Auftreten von Nebenwirkungen leiden (Pfeifer, 2002). Ob hier wirklich ein direkter Zusammenhang besteht, wurde noch nie wissenschaftlich erfasst. Möglicherweise hat dies auch mit den Stresshormonen zu tun, die bei hochsensiblen Menschen schneller freigesetzt werden.

Der Umgang mit Hochsensibilität

Unser erster Tipp: Es ist nicht immer hilfreich, sich selber als HSP (Highly Sensitive Person, hochsensible Person) zu bezeichnen, weil das den Eindruck erwecken kann, diese Eigenschaft sei unveränderlich (siehe auch Kapitel 2 zum »Fixed Mindset«) und die »Bürde« der Hochsensibilität laste schwer auf einem. Das muss nicht der Fall sein. Wer die Merkmale der Hochsensibilität hat, kann sehr gut damit im Alltag umgehen lernen. Darum sprechen wir hier von Merkmalen und Fallen.

Hochsensible Menschen sollten sich am besten in jeder einzelnen Situation, in der ihnen ihre Hochsensibilität zu schaffen macht (sie also mehr Nachteile als Vorteile bringt), die Frage stellen, was für sie und in dieser Situation der geeignetste Bewältigungsstil wäre. Die Bewältigungsstrategien (Coping) haben wir bereits in Kapitel 4 beschrieben. Wem es nicht alleine gelingt, den für sich passenden Weg zu finden, sollte sich professionelle Hilfe suchen. Psychologen sind sehr gut dazu in der Lage, dabei zu helfen.

Jonas hat erkannt, dass es für ihn viel sinnvoller ist, Menschen, über die er sich früher geärgert hätte, zu helfen als sich über sie zu ärgern: Das hat ihn viel zu viel Energie gekostet! Es ist ihm immer gelungen, sich zu beschäftigen, sodass er sich nicht mehr so zu langweilen brauchte wie in der Grundschule. Durch diese anderen Beschäftigungen hat er auch sozial viel gelernt und konnte gut Freunde finden.

Besonders sein Humor hat Jonas sehr geholfen. Er glaubt, dass eine solche positive Einstellung sehr wichtig ist. Seine Inspiration findet er bei Menschen, die mit Humor und einer positiven Einstellung zu einer besseren Welt beitragen können. Er hält es für nützlicher, anderen einen Denkanstoß zu geben, beispielsweise mit einer Karikatur. Außerdem ist es für ihn sehr befriedigend, wenn er anderen helfen oder sie unterhalten kann, entweder direkt oder zum Beispiel mit der Organisation von Veranstaltungen oder Festen.

Woran erkennt man Talent?

Damit er sein eigenes Talent entwickeln kann, muss Jonas sich erst der Tatsache bewusst werden, dass er Talent besitzt. Im Alleingang ist das gar nicht so leicht. Es kann sogar ziemlich spannend sein, danach zu suchen. Dann ist es aber toll, wenn man seinen Talenten entsprechend arbeiten kann: Die Arbeit geht viel leichter und man bekommt neue Energie. Darum ist es sehr schade, dass nur wenige Menschen ihre eigenen Talente kennen und nutzen. Dass es als spannend empfunden wird, sich auf die Suche nach den eigenen Talenten zu machen, liegt an einer gängigen Vorstellung: Manche Menschen haben Talent, andere eben nicht. So entsteht der Eindruck, dass eine »Begabung« nicht allen Menschen »gegeben« ist – aber alle Menschen haben Talente.

So steht es im Wörterbuch: »Talent, das; Neutrum; 1. eine altgriechische Gewichts- und Münzeinheit; 2. Begabung, die jemanden zu ungewöhnlichen bzw. überdurchschnittlichen Leistungen befähigt; 3. jemand, der Talent hat.«

Oft wird der Anschein erweckt, Talent sei ein ganz eindeutiger Begriff. Es ist nicht sehr sinnvoll, das Wort Talent zu verwenden, ohne dazuzusagen, auf welches Gebiet sich dieses Talent bezieht. Anders ausgedrückt: Ein »Talent auf der ganzen Linie« gibt es nicht. Menschen, die auf allen Gebieten talentiert sind, sind wahrscheinlich genauso selten wie ein vierblättriges Kleeblatt – aber völlig untalentierte Menschen sind das wahrscheinlich auch. Viel wichtiger als die Frage »Hast du Talent?« ist darum die Frage »*Welches* Talent hast du?«. Talent allein reicht jedoch noch nicht aus. Es kann als ein Entwicklungspotenzial gesehen werden, eine Veranlagung, mit der man außergewöhnliche Leistungen in einem oder mehreren Begabungsgebieten erreichen kann.

Die Entwicklung dieses Talents ist ein langer, dynamischer Prozess, in dem neben Lern- und Persönlichkeitseigenschaften und der Umgebung auch stimulierende und hemmende Faktoren eine Rolle spielen.

Talent: ein Auftrag an sich selbst

Die eigenen Talente entdecken – das ist ein interessanter Auftrag an sich selbst. Vieles kann man selbst tun. Es gibt zahlreiche Testprogramme von professionellen Organisationen, die sich darauf spezialisiert haben. Mit den folgenden Aufträgen kann man aber auch selbst einen guten Anfang machen:

~ 1. sich selbst einen Überblick über seine natürlichen Talente (seine besonderen Fähigkeiten, die für einen ganz selbstverständlich scheinen), in denen man sich früher ausgezeichnet hat und in denen man sich heute auszeichnet (das ist nicht unbedingt deckungsgleich), erstellen;

- 2. festhalten, was einem früher Spaß gemacht oder Freude verschafft hat und was einem heute (immer noch) Spaß macht oder Freude verschafft;
- 3. sich fragen: Welche Dinge »darf« ich tun (ich genieße sie), und welche Dinge »muss« ich tun?
- 4. eine Liste mit den eigenen Fähigkeiten (Kompetenzen) anlegen;
- 5. eine eigene Erfolgsgeschichte aufschreiben und dabei auch die positiven Erfahrungen beschreiben, in denen man eine aktive Rolle gespielt hat;
- 6. überlegen, welche Eigenschaften/Qualitäten man besitzt.

Ein geeigneter Leitfaden ist das Kernquadrat von Daniel Ofman (Kernqualitäten, umgeben von Fallen, Allergien und Herausforderungen), das schon aus Kapitel 1 bekannt ist. Eine andere Möglichkeit ist das Spiegelspiel von Pieternel Dijkstra: Was andere von einem denken, hilft dabei, alle Seiten seiner Persönlichkeit zu entdecken. In diesem Spiel halten einem Familienangehörigen, Freunde oder Kollegen auf lockere und humorvolle Weise einen sprichwörtlichen Spiegel vor. Sie erzählen, wie sie einen sehen, indem sie Fragen beantworten und Aufgaben erfüllen, wie zum Beispiel: Was ist wichtiger, Ruhm und Reichtum oder Freundschaft? Über welches Verhalten anderer Menschen regt man sich am meisten auf?, oder: Im Kanal droht jemand zu ertrinken, der nicht schwimmen kann. Was macht man? Die Informationen, auf die die anderen reagieren, sind sehr wertvoll, wenn man sich weiterentwickeln will. Mit dem Spiegelspiel entdeckt man seine »blinden Flecke« und seine Stärken, man vergrößert sein Selbstvertrauen, verstärkt seine Beziehungen mit anderen und arbeitet an seinem idealen Ich – und überdies lernt man eine Menge über Psychologie! Ob man mit seinen Talenten, Kompetenzen und Qualitäten seinen Lebensunterhalt verdienen kann, hängt von einer Reihe von Aspekten ab. Welche Talente besitze ich und will ich diese weiterentwickeln? Auch umgekehrt gilt: Wer nicht motiviert ist und keine Disziplin besitzt, dem ist es relativ egal, wie viel er schon kann und weiß – er kann doch nicht viel damit anfangen …

Jonas' besondere Stärken liegen im analytischen Denken und im räumlichen Vorstellungsvermögen. Er kann relativ leicht lernen und sich die verschiedensten (nützlichen oder weniger nützlichen) Informationen merken. Andererseits findet er, dass er in sehr abstrakten Dingen eher schlecht ist, beispielsweise in höherer Mathematik oder im Programmieren. Er versteht die Regeln und er kann auch die Musterlösungen von schwierigen mathematischen Aufgaben nachvollziehen. Aber wenn er das Problem selbst lösen soll, weiß er nicht, wie er es in Angriff nehmen soll.

Probleme bei der persönlichen Entfaltung

Wir hatten schon erwähnt, dass begabte Schüler viele Fähigkeiten besitzen, nur nicht immer diejenigen Fähigkeiten, die sie für ihre schulischen Aufgaben benötigen. Viele Kenntnisse und Fähigkeiten haben sie sich durch das sogenannte informelle Lernen angeeignet (sie haben in ihrer Umgebung Beispiele gesehen oder sie haben etwas aus Gesprächen anderer Menschen oder in Radio, Fernsehen und anderen Medien aufgeschnappt). Das formale Lernen (in einer organisierten, strukturierten Umgebung, wie in der Schule, in einem Institut oder am Arbeitsplatz) setzt wiederum andere Fähigkeiten voraus: Man muss planen, das Tempo einhalten, Aufgaben fertigstellen, sich realistische Ziele setzen und konzentriert und aufgabenorientiert arbeiten können.

Viele Dinge tun wir anscheinend, ohne dabei nachzudenken. Aber inzwischen passiert in unserem Kopf eine ganze Menge. Schauen wir uns als Beispiel einmal an, wie viele Denkfähigkeiten wir allein schon bei unserer Morgenroutine benutzen. Das Vorstellungsvermögen wird angesprochen: Was brauche ich? Wichtig sind zeitliche Orientierung und Planung: erst rasieren, Zähne putzen und dann duschen oder umgekehrt?; die genaue Zuordnung: Shampoo, Seife, Deodorant, Zahnpaste usw.; Genauigkeit/Kontrolle: Habe ich nichts vergessen, ist alles aufgeräumt?

Alle diese Abläufe spielen sich in Sekundenschnelle in unserem Kopf ab. Bei allen nutzen wir unbewusst zahlreiche kognitive Fähigkeiten. Wenn manche davon nicht oder nicht ausreichend entwickelt sind, hat dies Konsequenzen für unsere täglichen Handlungen. Entwickelt haben wir unsere kognitiven Fähigkeiten durch Lernerlebnisse (ausgehend von Informationen aus dem sozialen Kontext), sie sind uns also nicht angeboren. Wir können sie als Bausteine unseres Denkprozesses betrachten. Um in der Bildsprache des Bauens zu bleiben: Ein bestimmter Baustein (eine bestimmte Fähigkeit) ist Teil eines anderen Bausteins oder sogar die Voraussetzung für einen anderen Baustein. Im Schulsystem liegt der Schwerpunkt aber oft auf der reinen Vermittlung von Wissen.

Jonas erzählt jetzt von seinen Erfahrungen am Anfang des Gymnasiums

Ich kam schon recht früh aufs Gymnasium, aber in den ersten Jahren hab ich von diesem Altersunterschied wenig gemerkt. Ich fing schon ziemlich früh an zu wachsen, darum unterschied ich mich auch körperlich nicht sehr von meinen Mitschülern.

Der Wechsel zum Gymnasium hat mir sehr gutgetan. An die letzten Klassen der Grundschule erinnere ich mich nicht gern, ich war froh, dass ich einen Neuanfang machen konnte, sowohl im Hinblick auf die geistige Herausforderung als auch sozial (neue Freunde). Weil ich ein Problem mit der Herangehensweise habe, hat mir mein Klassenlehrer zu Gesprächen mit einem Experten für Hochbegabung geraten. Dieser konnte mir mit einem kurzen Training vermitteln, was meine Denkstrategien sind und welche Schritte ich vielleicht im Lernprozess auslasse. Dieses Training, das in Form von Denkspielen gemacht wurde, hat mir riesigen Spaß gemacht. Und es war wirklich sehr sinnvoll, alles, was ich gelernt hatte, dann auch tatsächlich in meinem Schulalltag umzusetzen. Ja, mit mir ist es gut gegangen. Ich kenne aber auch Mitschüler, die genau wie ich verfrüht in das Gymnasium wechseln durften und die Anpassungsprobleme hatten.

VERFRÜHTER WECHSEL AUF DAS GYMNASIUM.

Im April 2003 veröffentlichte Lianne Hoogeveen (mit Mitverfassern) eine Studie über Schüler, die verfrüht auf das Gymnasium wechselten. Sie befürwortet eine Anpassung des Unterrichts, variierend von der Bereicherung des Unterrichtsstoffs bis hin zu individuellen Lehrplänen bzw. individueller Betreuung.

Eltern und Lehrkräfte machen sich oft Sorgen über die sozialen Kontakte von Überspringern (ob der junge Schüler dann in die Klasse mit älteren Mitschülern passt, sich an Aktivitäten beteiligen oder geteilte Interessen haben kann).

Wie diese Untersuchung zeigte, haben die hochintelligenten Überspringer außerhalb der Schule genauso viele Kontakte mit anderen Kindern wie gleichaltrige Mitschüler, die keine Klasse übersprungen haben. Es wurde auch kein Unterschied darin gefunden, an welchen beziehungsweise wie vielen Aktivitäten sie sich beteiligten. Dagegen wurde in der Studie ein Unterschied festgestellt: Mädchen, die eine Klasse übersprungen haben, haben nach Angaben ihrer Eltern und Klassenlehrer mehr Selbstvertrauen als Mädchen, die dies nicht getan haben. Die Lehrer haben im Allgemeinen ein weniger positives Bild vom sozialen Abschneiden der verfrühten Schüler. Auch von Mitschülern in den ersten beiden Klassen werden sie weniger positiv beurteilt, wenn es um die Beliebtheit geht.

Die Haltung einer Lehrkraft gegenüber dem jungen akzelerierten Schüler spielt eine wichtige Rolle für die Entstehung des Eindrucks und die Akzeptanz bei den Mitschülern. Dies setzt voraus, dass in den Schulen ausreichende Kenntnisse über die Thematik der Hochbegabung sowie Möglichkeiten zur Betreuung dieser Schüler vorhanden sind.

Erfahrungen

Wir haben einige betroffene Schülerinnen nach ihrer Meinung über die Vor- und Nachteile des vorgezogenen Wechsels auf das Gymnasium gefragt.

»In unserer Schule kommt es öfter vor, dass Schüler verfrüht in das Gymnasium wechseln, das ist hier nichts Ungewöhnliches. Wir haben nie das Gefühl gehabt, dass wir uns anpassen mussten. Wir sind einfach so geblieben, wie wir sind. Was die Schule angeht, finden wir, dass es vor allem Vorteile hat:

~ Für unser Gefühl haben wir ein Jahr geschenkt bekommen: Wir sind ein Jahr früher fertig, können dann ein Jahr lang etwas anderes tun oder früher mit dem Studium beginnen.
~ Wir finden auch, dass die Chancen auf einen sozialen Umgang mit anderen Schülern zugenommen haben. Wir gehen nämlich gern mit älteren Mitschülern um.

Es gibt aber auch Nachteile:

~ Unsere Mitschüler und Freunde hatten früher Schülerjobs als wir, dadurch hatten sie auch mehr Geld.
~ Es gibt auch Dinge, die uns im Vergleich zu unseren Mitschülern und Freunden überhaupt nicht oder erst viel später erlaubt sind: Moped fahren oder beim Ausgehen Alkohol trinken. Das Ausgehen mit Freunden ist sowieso

ein Problem, wenn man selbst erst 15 ist und die anderen älter sind.

- Für manche Angelegenheiten (Verträge usw.) sind wir verglichen mit unseren Freunden von unseren Eltern abhängig, wodurch wir uns oft in unserer Selbstständigkeit gebremst fühlen.
- Und beim Wechsel an die Fachhochschule oder die Universität ist der Altersunterschied manchmal wirklich sehr groß.

Aber auch wenn die Liste der Nachteile vielleicht länger erscheint, sind die Vorteile für uns wichtiger. Wenn wir nämlich nicht übersprungen hätten, hätte das zu einer Rückentwicklung geführt …«

Im Gymnasium war Jonas nicht der Einzige, der eine Klasse übersprungen hatte. Der Kontakt mit den anderen Schülern in derselben Situation war für ihn in den ersten Jahren sehr hilfreich, seine Schule setzte junge, verfrühte Schüler wenn irgend möglich in dieselbe Klasse. Außerdem haben seine Eltern ihn immer unterstützt, in verschiedener Hinsicht. Besonders mit seiner Mutter hatte Jonas eine enge Gefühlsbeziehung.

Zu den Aufgaben der Eltern in der Erziehung gehört auch die Vorbereitung darauf, was es bedeutet, ein Mann zu sein. Aber was ist eigentlich ein adäquates männliches Verhalten?

Hochbegabung und Bilder der Männlichkeit

In dem Buch »Schlaue Jungen« (Kerr & Cohn, 2009) wird ausgehend von einer Folgestudie beschrieben, wie sich begabte Jungen und Männer manchmal mit dem stereotypen Bild der Männlichkeit schwertun. Manche hatten ein Idealbild und konnten dies ohne größere Schwierigkeiten erreichen. Andere wehrten sich gerade gegen dieses Stereotyp, wussten aber dann nicht genau, ob das nun richtig war oder wie sie sich stattdessen verhalten sollten. Sie hielten sich selbst für weniger sozialfähig, besonders in ihren Kontakten mit Frauen.

Es gab auch Jungen und Männer, die in ihrer schulischen Laufbahn keine hohen Zensuren anstrebten, weil sie nicht zu den Strebern gehören wollten. Ihr Gefühl für Männlichkeit verschafften sie sich eher, indem sie Sport trieben und indem sie gerade keinen Wert auf hervorragende schulische Leistungen legten.

Eine andere Studie (Alvino, 1991) kam zu dem Schluss, dass begabte Jungen in der Entwicklung eines gesunden Selbstbildes, aber auch in ihrer emotionalen Entwicklung eingeschränkt sind. Viele dieser Jungen hatten eine engere Beziehung zu ihrer Mutter als zu ihrem Vater und kämpften in verschiedener Hinsicht mit ihrem Perfektionismus.

Gleichaltrige und Erwachsene, aber auch die Medien machen deutlich, was von einem Jungen erwartet wird. Es gibt allgemein akzeptierte Auffassungen, wie ein Junge sich zu verhalten hat: bloß keine Schwäche zeigen, risikobereites Verhalten, sich nicht »nett« verhalten, Desinteresse vortäuschen und bei Unannehmlichkeiten oder Schmerzen so tun, als mache einem das gar nichts aus.

Verhalten wie beispielsweise Abhängigkeit und Empfindlichkeit, das gegen diese Auffassungen verstößt, ist dann für manche Menschen nicht akzeptabel, dann fallen sogar Ausdrücke wie »weibisch« oder »schwul«.

Die meisten Menschen sind mehr oder weniger androgyn, also im Besitz männlicher und weiblicher Charaktereigenschaften; hochbegabte Jungen sind von Natur aus breiter orientiert und stärker androgyn als der durchschnittliche Junge.

Wenn andere Kinder merken, dass diese Jungen anders reden und handeln, als sie es in einem bestimmten Alter für normal halten, kann das zu Gehänsel und Mobbing führen. Das Wort »Schwuler« wird in der Grundschule oft als Schimpfwort benutzt, mit einer deutlichen Botschaft: Du gehörst nicht dazu. Unabhängig davon, ob sie überhaupt homosexuell sind, entstehen bei Jungen, die in ihrer Jugend als »schwul« oder »Homo« beschimpft wurden, häufig psychische Schäden, sie entwickeln recht oft einen Minderwertigkeitskomplex.

Jugendliche, die hochbegabt und homosexuell oder bisexuell sind, haben möglicherweise noch stärker das Gefühl, nirgendwo dazuzugehören. Zum Glück wird immer mehr Aufklärung und Informationsarbeit für Jugendliche erteilt, beispielsweise im Internet und in Zeitschriften (siehe Links im Anhang).

Jonas hat erst Luft- und Raumfahrttechnik studiert – ein sehr abstraktes, technisches Studium –, danach Industrial Design, ein viel kreativeres Fach. Zunächst musste er sich daran gewöhnen, dass bei Industrial Design eine völlig andere Atmosphäre herrschte. Er merkte, dass die Studenten sehr viel Wert auf ihre äußere Erscheinung und ihre Präsentation legten, aber er konnte sich schnell einleben und ist im Nachhinein zufrieden mit dem Wechsel.

Kreativität

Besonders Sternberg (2007) beschreibt die kreative Intelligenz. Diesen Begriff benutzt er für Denkfähigkeiten, die zur Problemlösung benötigt werden, indem auf den enormen, zum Teil unbewussten Schatz an Eindrücken, Erinnerungen, Kenntnissen, Fantasien, Träumen usw. zurückgegriffen wird, den jeder im Laufe seines Lebens aufbaut. Wenn man diesen Schatz erschließen kann, kann man die Dinge von einer anderen Seite betrachten, oder man erkennt ungewöhnliche Zusammenhänge zwischen Dingen, die auf den ersten Blick nichts miteinander zu tun haben. Dabei geht es nicht nur um kreative Äußerungen in Bild und Wort. Kreatives Denken bedeutet auch, dass man zur Lösung komplexer Probleme in der Lage ist.

Kreativität ist also nicht etwas, was nur in den künstlerischen Studienfächern gefordert wird, sondern auch beispielsweise bei mathematischen Problemen, beim Umgang mit unerwarteten Umständen oder der Reaktion auf Katastrophenszenarien.

Das kreative Denken kann man stimulieren und üben, indem man lernt, zu assoziieren und zu brainstormen. Zur Festlegung aller kreativen Ideen kann man die Mindmapping-Technik anwenden, entweder auf Papier oder digital (siehe Links im Anhang).

Im Rückblick

Jonas

Nach den ersten Klassen des Gymnasiums war die Hochbegabung eigentlich kein Thema mehr. Ich interessierte mich immer weniger dafür, hart zu lernen und gute Noten zu erzielen, und immer mehr dafür, etwas mit Freunden zu unternehmen, Filme zu gucken, Comics zu zeichnen, Sport zu treiben usw. Die Hochbegabung kam zwar ab und zu zur Sprache, aber ich hatte nie das Bedürfnis, darüber ausführlich zu reden. Ich habe nicht abgewartet, was mir auf meinem Weg begegnet, sondern habe mich aktiv auf die Suche danach gemacht, was ich gern unternehmen wollte, und nach Menschen, die ich gern dabeihaben wollte. Damit habe ich eigentlich mein Leben selbst organisiert, und darüber bin ich sehr froh. An der Fakultät Industrial Design spricht mich neben den technisch-wissenschaftlichen Aspekten vor allem der menschliche, ökologische und kulturelle Kontext der Produktentwicklung an. Es ist ein faszinierendes Studium, das mir wirklich viel Spaß macht.

Experte für Hochbegabung

Es ist schön, zu sehen, wie hier alles gut gegangen ist. In dieser Fallstudie wird erkennbar, welche Rolle und welchen Einfluss die Schule (Mitschüler und Lehrkräfte), die Familie und der Freundeskreis in Jonas' Entwicklung gespielt haben. Gut möglich, dass es einmal Sorgen gab, als er Klassen überspringen durfte. Das ist eine Bemerkung, die man oft hört: Muss das wirklich sein, ist er dazu nicht zu jung, sollte ein Kind in dem Alter nicht noch viel mehr spielen? Aber wie die Praxis uns gezeigt hat, gibt es Kinder, die andere Bedürfnisse haben, und daran müssen wir uns als Schulsystem (und als Eltern) anpassen. Dass Jonas seine Talente in seinem Studium und in seiner Freizeitgestaltung kombinieren konnte, hat mich sehr gefreut.

8. »Ich will keinen Streit.«

Sophie ist fast 16 Jahre alt. Sie geht auf ein altsprachliches Gymnasium, ist eine gute Schülerin und hat auch mehrere Freundinnen, mit denen sie viel Zeit verbringt. In letzter Zeit läuft es aber nicht mehr so gut. Ihre schulischen Leistungen sinken, man merkt ihr auch an, dass sie nicht glücklich ist. Zu Hause ist die Stimmung ziemlich schlecht. Sophie versteht sich nicht gut mit ihrer Mutter und ihrer Schwester. Sie weiß nicht genau, wie das kommt, aber Gespräche führen oft zum Streit. Sophie fühlt sich zu Hause einfach nicht wohl. Darum besucht sie oft Freundinnen und nimmt sich vor, möglichst früh zu Hause auszuziehen.

Sophie gibt sich wirklich Mühe, aber irgendwie geht es trotzdem dauernd schief. Wenn sie beispielsweise begeistert über etwas erzählt, was sie in der Schule erlebt hat, reagiert ihre Schwester oft höhnisch: »Du musst ja auch immer so schlau tun ...«, oder ihre Mutter reagiert überhaupt nicht. Dann ist Sophies Freude schnell verschwunden. Ihr größter Wunsch ist, dass zu Hause positiver geredet würde, aber ihre Mutter klagt eigentlich dauernd. Sie leidet ständig unter Schmerzen im Nacken und erwartet darum, dass die ganze Familie Rücksicht auf sie nimmt. Einen etwas besseren Kontakt hat Sophie zu ihrem Vater, der aber durch seine Arbeit fast nie daheim ist. Immer öfter versucht sie, Gesprächen aus dem Weg zu gehen, weil sie nicht schon wieder Streit haben will. Darum gibt Sophie oft ausweichende Antworten, wenn wieder eine solche Situation droht. Sie erzählt einfach nicht mehr, was sie erlebt hat, oder nur noch die reinen Fakten. So vermeidet sie, dass sie wieder gleich kritisiert oder ihrer Begeisterung ein Dämpfer verpasst wird. Nur merkt sie, dass das auch nicht hilft – jetzt wird ihr vorgeworfen, sie erzähle nie etwas.

Allmählich sieht Sophie ein, dass es egal ist, was sie macht – es kommt immer schlecht an. Sophie verhält sich »überangepasst«. Sie bemüht sich ständig, es ihrer Mutter und ihrer Schwester recht zu machen, weil sie um jeden Preis Streit vermeiden will. Nur merkt Sophie jetzt immer öfter, dass sie eigentlich gar nicht mehr so viel fühlt. Ihre Gefühlswelt scheint flacher zu werden. Es fällt ihr auch immer schwerer, zu entscheiden, was sie wirklich will. Bei vielen Entscheidungen überlegt sie sich schon vorher, was ihre Mutter dazu sagen wird. Dann trifft sie die Entscheidung, von der sie am wenigsten Ärger erwartet.

Sophies schulische Leistungen sind noch in Ordnung, obwohl sie in letzter Zeit schlechtere Zensuren erhält. Das Auffälligste ist aber, dass sie nicht mehr so fröhlich ist wie früher. Nicht nur ihre Freundinnen merken das, auch ihrer Klassenlehrerin, Rita Brünig, ist das aufgefallen. Sie fragt Sophie, ob sie nicht einmal zu einem Gespräch vorbeikommen will. Sophie findet dieses Angebot sehr nett, schiebt das Gespräch aber immer vor sich her.

Sophie hat schon einmal darüber reden hören, dass sie vielleicht hochbegabt sei. Bisher hat sie das eigentlich nicht so interessiert. Weil es aber zu Hause schlecht geht und sie nicht mehr so fröhlich ist wie früher, grübelt sie manchmal darüber nach, ob dies damit zu tun haben könnte. Sie macht sich in der Bibliothek auf die Suche nach Informationen über Hochbegabung. Dabei findet sie ein Buch von Alice Miller, »Das Drama des begabten Kindes«. Sie leiht es aus und fängt sofort an zu lesen. Den Inhalt findet sie ein bisschen erschreckend: Sie erkennt nämlich sehr viel von dem, was in diesem Buch beschrieben wird.

Deine Gefühle – meine Gefühle

Schon 1985 war David Willings aufgefallen, dass hochbegabte Kinder oft stark damit beschäftigt sind, ihre Eltern glücklich machen zu »müssen«.

Es ist ein fantastisches Talent, wenn man dazu in der Lage ist, zu spüren, was ein anderer Mensch braucht. Damit kann man gute Freundschaften aufbauen. Auch für alle Berufe im Gesundheitswesen ist dieses Talent sehr nützlich. Es ist jedoch nicht gut für einen selbst, wenn man darin so weit geht, dass man sich ganz und gar an andere Menschen anpasst. Dann kommen die eigenen Gefühle und Wünsche zu kurz, und das kann einem letztendlich sehr zu schaffen machen.

In Kapitel 4 wurden dieses (über)angepasste Verhalten und das Buch von Alice Miller schon kurz erwähnt. Darauf wollen wir jetzt noch etwas ausführlicher eingehen.

Das Drama des begabten Kindes

In ihrem Buch »Das Drama des begabten Kindes und die Suche nach dem wahren Selbst« beschreibt Alice Miller Familien, in denen die Kinder so gut spüren, was die Eltern von ihnen erwarten, dass sie ihren eigenen Willen unterdrücken und sich ihren Eltern anpassen. Dies macht sie aber nicht glücklich, weil sie sich selbst völlig zurücknehmen.

Der Titel des Buches von Alice Miller zielt auf eine besondere Begabung: die Fähigkeit mancher Kinder, zu erahnen, was andere Menschen wollen. Viele hochbegabte Kinder besitzen dieses Talent auch. Das kann wirklich dramatisch werden, wenn sie sich dessen nicht bewusst sind und nicht aktiv daran arbeiten. Zu den möglichen Folgen gehört es, dass sie dann später in der Elternrolle von ihren Kindern ebenfalls erwarten, dass diese ständig spüren, was sie als Eltern brauchen, und fordern, dass ihre Kinder sich entsprechend verhalten. Eine solche Anpassung kann zu psychischen Problemen führen, wie beispielsweise zu depressiven Beschwerden (siehe Kapitel 4). Aus diesem Verhaltensmuster auszubrechen ist für das betroffene Kind gar nicht so einfach, weil es glaubt, damit die Beziehung zu seinen Eltern aufs Spiel zu setzen. Wichtig ist aber, dass es versucht, mit seinen Eltern darüber zu reden.

Abwehrmechanismen

Die niederländische Psychologin Ingeborg Bosch (2011) griff in ihrer Arbeit die Erkenntnisse von Alice Miller und auch von Jean Jenson, einer amerikanischen Psychotherapeutin, die ebenfalls viele der Erkenntnisse von Alice Miller anwendete, auf. Sie hat die Theorie und die Therapie der »Past Reality Integration« entwickelt. Auf ihrer Webseite beschreibt sie dies so:

»Die Past-Reality-Integration-Therapie (PRI-Therapie) geht davon aus, dass wir als Erwachsene die Welt oft durch die Brille der Abwehrmechanismen sehen, die wir als Kind entwickeln mussten. Mit diesen Abwehrmechanismen haben wir dafür gesorgt, dass wir Schmerzen, die uns als Kind zugefügt wurden, nicht zu fühlen brauchten. Aber gerade diese Abwehrmechanismen lassen uns dann als Erwachsene oft am meisten leiden, sie können nämlich unsere Wahrnehmung der Gegenwart sehr stark verzerren. Angst, Depressivität, Wut, nervliche Erschöpfung und Mangel an tatsächlichen Kontakten sind – und verursachen – unsere Probleme in der Gegenwart.«

Abwehrmechanismen werden als Kind aufgebaut. In dieser Zeit haben sie auch eine gewisse Funktion. Sie sind aber nicht wirklich effektiv. Wenn man dann erwachsen ist, können sie einen daran hindern, authentisch zu sein und sich authentisch zu fühlen. Die Tochter von Sigmund Freud, Anna Freud, selbst Kinderpsychotherapeutin, beschrieb dies 1936 in ihrem Buch »Das Ich und die Abwehrmechanismen« (Freud, 1984). Darin nennt sie zum Beispiel die Mechanismen der Verdrängung, Verlagerung, Rationalisierung und Projektion.

Ingeborg Bosch beschreibt, wie diese Abwehrmechanismen einem Kind zwar helfen können, sich an die Situation anzupassen, im späteren Leben aber nicht mehr hilfreich sind, sondern geradezu destruktiv.

Die PRI-Therapie verfolgt drei Schienen: Verstand (Kognition), Verhalten und Gefühl. Als Beispiel führt Bosch in ihrem Buch »Illusionen« (2011) ein Reihe von Gedanken an, die bei jemandem vorkommen können, der die sogenannte primäre Abwehr zeigt: »Ich verderbe immer alles, ich bin dumm, ich bin wertlos, ich bin unwichtig.« Sie meint, dass es sich dabei um »Illusionen« handelt, und rät dazu, nun erst die alten Schmerzen zuzulassen und ausgehend von diesen »alten« Gedanken das Spiegelbild aufzuschreiben – aber jetzt nicht mehr in der Ich-Form. Oft ist das ein echter »Augenöffner«! Anschließend sollten die alten Gedanken durch neue Gedanken ersetzt werden. Hier finden sich Übereinstimmungen mit den Grundsätzen der Rational-Emotiven Therapie (RET) und der kognitiven Verhaltenstherapie. Wenn man weiß, welche Ursachen die eigenen Hemmungen haben, und man dann auch realisiert, dass sich darunter möglicherweise nicht effektive Überzeugungen befinden, muss man immer selbst aktiv daran arbeiten, was man ändern will: Man muss versuchen, die Art, wie man denkt und fühlt, zu verändern. Die zugrunde liegende Theorie haben wir in Kapitel 1 erklärt (5-G-Schema).

Sophie erzählt

Ich habe das Buch von Alice Miller sofort gelesen, ich konnte es fast gar nicht mehr aus der Hand legen. Mir war sofort klar, dass ich meine Eltern von diesem Moment an immer mit anderen Augen sehen würde. Das Buch hat mich tief berührt, es schilderte wirklich genau das Gefühl, das ich zu Hause schon jahrelang habe.

Danach habe ich auch die PRI-Webseite gelesen, das hat mir auch ein ganzes Stück weitergeholfen. Ich musste aber erst alles seelisch verarbeiten, wollte auch am liebsten mit jemandem darüber reden – nur mit wem? Dann traf ich am nächsten Tag in der Schule meine Klassenlehrerin Rita Brünig und fragte, ob sie vielleicht Zeit für mich hätte. Zum Glück konnte sie sich noch am selben Nachmittag Zeit nehmen.

Erst einmal hörte sie sich genau an, was ich zu sagen hatte. Dabei hat es natürlich sehr geholfen, dass sie das Buch von Alice Miller auch kannte. Das war für mich schon eine Erleichterung. Wie hätte ich das sonst alles erklären können? Es klingt ja ganz schön kompliziert. Und ich weiß auch, dass viele Leute bestimmt nicht glauben wollen, dass es bei uns zu Hause so zugeht. Meine Eltern wirken doch immer so nett!

Rita schnitt daraufhin auch das Thema der Hochbegabung an. Ich weiß immer noch nicht, ob ich hochbegabt bin, aber angesichts der Erfahrungen mit diesem Buch halte ich das für gut möglich. Ich habe natürlich auch schon mal aus reiner Neugierde einen Test im Internet ausgefüllt, da schnitt ich ziemlich gut ab.

Rita verstand das zum Glück auch alles. Sie hat viel Erfahrung mit hochbegabten Schülern, wie sie mir erklärte. Sie wollte auch genau wissen, wie ich mich zu Hause und in der Schule fühle. Zum Schluss fragte sie dann noch, ob ich darüber nicht einmal mit einem Psychologen reden wolle. Das fand ich schwierig, ich wusste nämlich nicht, wie ich das meinen Eltern erklären sollte. Rita verstand das sofort. Sie erklärte mir, dass ich wieder genau das Verhalten zeigte, über das wir gerade geredet hatten: zuerst an die Reaktion meiner Eltern denken, statt herauszufinden, was ich selbst will. Damit hatte sie wirklich den Nagel auf den Kopf getroffen! Ich habe mir eine Woche Bedenkzeit erbeten.

Rita, die Klassenlehrerin, erzählt

Ich kenne Sophie als sehr sensibles Mädchen. Sie denkt immer erst darüber nach, was etwas für andere Menschen bedeutet. Damit reibt sie sich selbst auf, merke ich. Ich glaube auch, dass sie hochbegabt ist, ich erkenne bei ihr viele der Merkmale. Wir haben hier im altsprachlichen Zweig natürlich viele intelligente Jugendliche. Aber Sophie fällt mir besonders auf. Nicht nur wegen ihrer guten Noten, sondern auch durch die Weise, wie sie Fragen stellt. Damit zeigt sie immer wieder, dass sie den Lehrstoff verstanden hat und auch sofort umsetzen will. Sie kommt immer mit originellen Ideen. Faul ist sie bestimmt nicht, sie tut sogar meistens ein bisschen mehr als verlangt.

Ich merkte schon länger, dass sie eine schwere Zeit durchmacht. Selbst redet sie kaum darüber, sie versucht stets, alles möglichst selbst zu lösen. Ihre Eltern kommen regelmäßig zu den Gesprächen am Elternabend. Für mein Gefühl sind sie etwas distanziert. Sie erwarten einfach, dass Sophie gute Noten bekommt, schließlich ist sie dazu intelligent genug. Aber sie zeigen ihr nie, dass sie stolz auf sie sind, das ist für sie ganz selbstverständlich. Ich kann mir schon vorstellen, dass bei Sophie zu Hause öfter mal »dicke Luft« herrscht. Sie hat mir erzählt, wie zu Hause auf sie reagiert wird. Und weil ich mit ihren Eltern geredet habe, kann ich mir auch ein Bild davon machen. Sie nehmen ihr ihre ganze Energie und Begeisterung. Das ist doch wirklich schade!

Das Buch von Miller, das Sophie gelesen hat, ist heftig. Ich habe es auch gelesen. Aber vielleicht hilft es ihr dabei, sich jetzt Hilfe zu suchen. So kann sie schon jetzt einiges in Angriff nehmen, damit sie lernt, besser mit ihrer Hochbegabung umzugehen.

Eine Woche später hat Sophie einen Beschluss gefasst. Sie möchte wirklich gern ein Gespräch mit einem Psychologen führen, weil sie gemerkt hat, dass sie Hilfe braucht. Sie bespricht mit Rita, wie sie das ihren Eltern sagen soll. Rita hat einen Vorschlag: Sie ist dazu bereit, dies mit Sophies Eltern zu besprechen. Sie will noch darüber nachdenken, wie sie das tun kann, ohne dass es zu Problemen für Sophie führt. Eine Idee wäre, Sophies Eltern zu erklären, es ginge um eine Art von Coaching, damit Sophie lernt, mit ihrer Hochbegabung umzugehen.

Beim Psychologen

Zwei Wochen später geht Sophie zum ersten Mal zu Jana Speichert, die als Psychologin viele hochbegabte Jugendliche betreut. Sie hört sich genau an, was Sophie erzählt. Sie braucht nicht viele Fragen zu stellen, durch Janas freundliche und offene Ausstrahlung hat Sophie schon bald die Scheu verloren.

Als Sophie alles erzählt hat, was sie auf dem Herzen hatte, nimmt Jana sich die Zeit und versucht, sorgfältig zusammenzufassen, was Sophie gesagt hat. Sophie merkt, dass Jana ihr gut zugehört hat, das freut sie. Zusammen finden sie heraus, welche Ziele Sophie erreichen will. Sie verabreden erst einmal fünf Gesprächstermine, bei denen Sophie mit Jana daran arbeiten wird, ihre Gefühle zu erkennen und sich nicht alles gefallen zu lassen. Danach wollen sie dann zusammen überlegen, wie sie weiter vorgehen werden.

Erleichtert geht Sophie nach Hause. Ihre Mutter steht in der Küche und kocht. Sie fragt, ob Sophie schnell den Tisch decken kann, weil es gleich Essen gibt. Na gut, denkt Sophie, dann brauche ich auch nicht mit ihr über das Gespräch bei Jana zu reden!

In den folgenden Wochen geht Sophie jede Woche eine Stunde zu Jana. Sie nehmen sich immer konkrete Situationen vor, die Sophie erlebt hat, vor allem zu Hause, aber auch in der Schule. Davon ausgehend besprechen sie, was Sophie selbst gern will und wie sie das besser fühlen könnte. Weil Sophie immer Angst vor Streit hat, üben sie, wie Sophie mehr für sich selbst sorgen kann, ohne dass alles sofort in Streit ausartet. Sophie kann zwar ihre Mutter nicht ändern, aber sie kann lernen, dass sie Dinge in verschiedener Weise vorbringen kann, und auch, auf ihr eigenes Gefühl zu vertrauen. Am Ende des Gesprächs gibt Jana ihr noch Aufgaben mit.

Sophie hat beispielsweise eine gute Freundin, Martina, mit der sie gern einmal ein Wochenende wegfahren würde. Sie findet es schwierig, dies ihrer Mutter zu sagen; sie hat nämlich Angst, dass ihre Mutter damit nicht einverstanden ist oder alle möglichen Gegenargumente anführt – und dann macht es Sophie schon keinen Spaß mehr. Darum beginnt Jana, mit Sophie an ihrer Assertivität zu arbeiten.

Assertivität

Assertivität bedeutet, dass man für sich selbst aufkommt. Wer nicht assertiv ist, lässt sich alles gefallen. Andere Menschen akzeptieren Entscheidungen, mit denen sie nicht einverstanden sind – sie trauen sich aber nicht, etwas dagegen zu unternehmen. Sind Hochbegabte weniger assertiv, oder ist das Schüchternheit?

Oft finden Hochbegabte schon als Kind wenig Anschluss an Gleichaltrige und fühlen sich als Einzelgänger. Das Gefühl, anders zu sein, führt zu einem zurückgezogenen Verhalten. Dies kann dann wiederum das Gefühl verstärken, nicht dazuzugehören.

In einem Assertivitätstraining wird gelernt, für die eigene Meinung, Rechte und Standpunkte aufzukommen, ohne die Gesprächspartner zu kritisieren. Wir können uns vorstellen, dass es angenehm ist, dies in Form eines Gruppentrainings gemeinsam mit anderen Hochbegabten zu lernen. Dann merkt man auf jeden Fall, dass man nicht allein ist und gemeinsam etwas dagegen unternehmen kann.

Sophie konnte sich früher zu Hause relativ gut durchsetzen, verlernte dies aber, weil darauf immer so negativ reagiert wurde. Sie hat noch keine andere Art gefunden, sich zu behaupten. Das übt sie jetzt mit Jana. Zunächst ist sie sehr nervös, aber allmählich merkt sie, dass es immer besser klappt. So bekommt sie auch mehr Selbstvertrauen. Besonders merkt sie, dass sie stolz darauf ist, wer sie eigentlich ist, und auch wieder mehr fühlen kann. Sie hat viel verdrängt, stellt sie fest.

Was ihr am schwersten fällt, ist die sogenannte Metakommunikation: mit ihrer Mutter darüber zu reden, wie ihre Kommunikation verläuft oder wie sie sich fühlt, wenn ihre Mutter auf bestimmte Weise reagiert. Darum übt sie das jetzt mit Jana. Dadurch wird sie sich dessen bewusst, welche Reaktionen folgen könnten, wenn sie verschiedene Dinge sagt. Das Wichtigste ist aber, dass sie sich nicht von ihrem eigenen Gefühl abbringen lässt: Sie hält daran fest, auch wenn das Gespräch schwierig verläuft.

Nach den Übungen hat sie jetzt mit ihrer Mutter über die Pläne für einen Wochenendausflug mit ihrer Freundin gesprochen. Das ist ihr gut gelungen. Sophie ist in diesem Gespräch ganz ruhig geblieben und hat klar und deutlich gesagt, dass sie dies wirklich sehr gern will. Obwohl ihre Mutter viele Bedenken äußerte, ließ Sophie sich nicht von ihrem Plan abbringen. Als ihre Mutter alle möglichen Argumente anführte, warum ein Wochenendausflug keine gute Idee sei, fragte sie ihre Mutter direkt, was sie nun wirklich dagegen habe, und sagte ihr, dass sie gern über eine Lösung reden könnten. Darauf gab ihre Mutter eigentlich keine konkrete Antwort. Sophie verhielt sich sehr erwachsen, und das funktionierte. Sie hatte sich fest vorgenommen, sich den Spaß nicht von den Reaktionen ihrer Mutter verderben zu lassen.

Nach fünf Gesprächen ist Sophie überzeugt, dass diese Vorgehensweise funktioniert. Sie möchte gern weitere fünf Gespräche mit Jana führen. Jetzt möchte sie hauptsächlich an den Entscheidungen arbeiten, die sie für ihr Leben und insbesondere für die Studien- und Berufswahl treffen will.

Sophie will unter anderem ein Werteprofil erstellen (siehe auch Kapitel 1 über Werte und Kapitel 5 über Entscheidungsfindung). Daraus wird deutlich, welche Werte in ihrem Leben die wichtigste

Rolle spielen: Fürsorglichkeit für andere Menschen, Sorgfalt, Verbindung (Kommunikation) und Treue.

Anschließend sondieren Sophie und Jana gemeinsam, wo Sophies Qualitäten liegen. Sie ist in der Schule in allen Fächern gut, aber ganz besonders in den naturwissenschaftlichen. Auch im Philosophie-Sonderkurs ist sie sehr gut, dort blüht sie immer richtig auf.

Obwohl Sophie jetzt erst 15 Jahre alt ist, fängt sie schon an, über ihre Studienwahl nachzudenken. Sie ist sich ganz sicher, dass sie studieren will. Und im Laufe der Besprechungen bei Jana wächst auch ihre Motivation dazu. Sie beschließt, sich jetzt aktiv mit der Suche nach den Möglichkeiten zu beschäftigen, wie sie etwas mit ihren Qualitäten und Talenten anfangen kann. Schon bald erzielt sie auch wieder bessere Noten.

Als echte »Anpasserin« lief Sophie Gefahr, dass ihre Leistungen nachließen. Zum Glück hat ihre Klassenlehrerin rechtzeitig eingegriffen. Jetzt geht es Sophie auf ganzer Linie besser, auch dank der Gespräche, die sie mit einer Psychologin geführt hat.

Was Sophie sich jetzt am meisten wünscht, ist ein Freund, sie weiß aber nicht, wie sie den finden soll. Sie ist schon bald 16, fast alle Mädchen aus ihrer Klasse haben den ersten Kuss schon hinter sich. Sophie fragt sich, ob es vielleicht mit ihrer Hochbegabung zusammenhängt, dass sie bis jetzt noch keinen Freund hatte. Sie hat sich schon einmal eine Webseite über Hochbegabung angeschaut. Dort konnte sie viel darüber lesen, wie man als Hochbegabter Freundschaften schließt. Aber das ist eigentlich etwas anderes. Die Webseite gefällt ihr dennoch sehr gut. Sie sieht auch, dass sie viele der Tipps auf der Liste, wie man Freundschaften schließen kann, schon selbst in die Praxis umgesetzt hat, natürlich gemeinsam mit Jana.

Hochbegabte in Partnerbeziehungen

Die Thematik der Partnerbeziehungen bei Hochbegabten ist kaum erforscht. Eine der wenigen Untersuchungen zum Thema Partnerbeziehungen, die unter 367 Mensa-Mitgliedern und anderen Hochbegabten durchgeführt wurde, zeigt bei Hochbegabten im Vergleich zur Kontrollgruppe höhere Wertungen im Hinblick auf den sogenannten ängstlich-vermeidenden Bindungsstil, niedrigere Wertungen im Hinblick auf die Konfliktstile der Integration und Kompromissbereitschaft und höhere Wertungen im Hinblick auf die Konfliktstile Vermeidung und Nachgeben. Dieses erklärt unter anderem, dass viele Hochbegabte Schwierigkeiten haben, einen geeigneten Partner zu finden und es häufiger nur zu kurzen Beziehungen kommt oder manche von ihnen in ihrem ganzen Leben keine intime Beziehung erleben.

Die Verfasser der Untersuchung kamen zu der Empfehlung, dass Hochbegabte die konstruktiven Konfliktstile (Kompromissbereitschaft und Integration) weiterentwickeln sollten. Wenn richtig mit diesen Stilen umgegangen wird, trägt dies nicht nur zur Verbesserung der Qualität der Partnerbeziehung bei, sondern auch zur konstruktiven Zusammenarbeit am Arbeitsplatz oder mit anderen Menschen.

Hier möchten wir auch daran erinnern, was wir schon in Kapitel 6 über Freundschaft und den eigenen Platz zwischen anderen Menschen schrieben. Eine wichtige Frage lautet natürlich: Welche Eigenschaften müssen geeignete Partner für Hochbegabte aufweisen? Müssen sie auch hochbegabt sein?

Wie die bereits genannte Untersuchung zeigt, bevorzugen alleinstehende Hochbegabte oft einen Partner, der intelligent und künstlerisch ist und ihnen selbst ähnelt. Hochbegabte mit und ohne Beziehung äußern eine Vorliebe für einen Partner, der intelligent und hoch ausgebildet ist.

In einer früheren Umfrage unter »Mensa«-Mitgliedern sagten

Männer, sie legten in einer Beziehung besonderen Wert auf die Symmetrie in der Intelligenz und (in geringerem Maße) in der Ausbildung; die Frauen bevorzugten dagegen eine emotional gleichwertige Beziehung (Dijkstra et al., 2012; 2016).

Sophie kennt zwar einen netten Jungen aus der Parallelklasse, Paul, hatte bisher aber noch nie den Mut, ihn einfach einmal anzusprechen. Nachdem sie mit Jana an ihrer Assertivität gearbeitet hat, merkt sie, wo ihre Blockaden lagen. Sie will wieder einmal alles gleich beim ersten Mal richtig machen. Außerdem fürchtet sie sich vor einer Ablehnung. Mit Jana übt sie, wie sie Paul ansprechen will, wenn sie ihm das nächste Mal begegnet. Und wenn er sie nicht nett findet – und wenn schon, davon geht die Welt doch nicht unter!

Aber es klappt. Sie verabreden sich, zusammen etwas zu trinken. Die Zeit vergeht wie im Flug, beide reden ununterbrochen. Als sie nach Hause kommt, merkt Sophie trotzdem, dass sie glaubt, Paul würde nicht wirklich zu ihr passen. Woran könnte das liegen? Sie bespricht dies mit Jana. Auch zusammen finden sie nicht gleich eine Antwort. Jana bittet Sophie, alle Punkte aufzulisten, die für sie wirklich »stimmen« müssen, damit sie sich noch einmal mit Paul verabredet. Das gelingt ihr einigermaßen. Folgendes hat Sophie aufgeschrieben:

- Ich möchte gehört werden, ich will, dass Paul mir wirklich zuhört.
- Ich möchte meine eigene Meinung äußern können und nicht beeinflusst werden.
- Ich möchte, dass Paul etwas Interessantes zu sagen hat.
- Ich möchte, dass wir in unserem Gespräch auf neue Erkenntnisse stoßen, weil wir zusammen geredet haben.
- Ich möchte mit ihm lachen können.

Jana findet diese Liste wirklich toll. Wie sie meint, hat Sophie so ganz deutlich für sich selbst festgehalten, welche Werte für sie in einer Beziehung nicht verletzt werden dürfen. Sophie beschließt jetzt, sich noch einmal mit Paul zu verabreden. Sie gehen zusammen in den Tiergarten, was beide für eine gute Idee halten, denn so können sie gemeinsam etwas unternehmen und brauchen nicht immer zu reden, wenn sie das nicht wollen, haben mit dem gemeinsam Erlebten aber Gesprächsstoff. Der Nachmittag wird dann tatsächlich sehr schön. Sophie merkt, dass sie sich bei Paul doch wirklich wohl und entspannt fühlt. Sie hat das Gefühl, ernst genommen zu werden, und dass er ihr auch wirklich zuhört. Auch Sophie hört Paul gut zu. Zusammen kommen sie auf die Idee, sich für den Tierkrankenwagen in ihrem Wohnort einzusetzen.

Ob Paul der »Mann fürs Leben« ist, weiß Sophie nicht, aber jedenfalls haben sie jetzt eine wirklich schöne Zeit zusammen.

Nachbesprechung

Sophie

Ich bin sehr froh, dass Rita mir den Tipp gegeben hat, mit Jana zu reden. Die Gespräche mit ihr haben mir wirklich viel weitergeholfen. Ich merke, dass ich viel besser damit umgehen kann, was mir so alles durch den Kopf geht. Auch in den Gesprächen mit meiner Mutter fühle ich mich viel stärker. Ich habe richtig Lust dazu, weiter über meine Zukunft nachzudenken. Ich lese gerade ein Buch über Marie Curie, das finde ich äußerst fesselnd. Vielleicht gehe ich auch in die Forschung und mache wichtige Entdeckungen.

Sophies Mutter

Ich freue mich, dass Sophie sich wieder in ihrer eigenen Haut wohlfühlt. Schon als sie ganz klein war, habe ich gemerkt, dass Sophie eine sehr schnelle Auffassungsgabe hatte. Ich wusste auch nicht so richtig, wie ich damit umgehen sollte. Manchmal machte mir das sogar ein bisschen Angst. Und für ihre ältere Schwester war es auch nicht gerade leicht, ein so naseweises Schwesterchen zu haben.

In letzter Zeit hatten wir auch wirklich unangenehme Gespräche. Ich dachte, dass das an der Pubertät lag. Ich verhielt mich eigentlich eher still, weil ich es gar nicht mag, immer zu streiten. Wie schön, dass Sophie jetzt wieder aufblüht!

Rita, Sophies Klassenlehrerin

Ich bin sehr froh, dass es Sophie wieder so gut geht. Sie greift alles wirklich sehr schnell auf, auch in den Gesprächen mit der Psychologin. Gut, dass dabei besonders das Verhältnis zu ihrer Mutter zur Sprache gekommen ist. Hoffentlich fühlt sie sich jetzt in dieser Beziehung stärker. Schließlich fühlt sie sich jetzt ja auch wieder wohler in ihrer Haut. Übrigens geht sie auch wieder viel motivierter zur Schule. Wenn sie dann bald herausgefunden hat, was sie danach machen will, wird ihr das ein gutes Gefühl geben.

Jana, Sophies Psychologin

Die Gespräche mit Sophie sind hervorragend gelaufen. Sie ist offen für Erklärungen und will wirklich gern an sich selbst arbeiten. Ich freue mich auch, dass sie jetzt noch ein paar Gespräche über ihre Zukunft mit mir führen will. Das wird sie motivieren, ihren eigenen Kurs zu bestimmen. Übrigens finde ich es auch stark von Sophie, dass wir nicht zusammen mit ihrer Mutter gesprochen haben, sondern Sophie das ganz allein getan hat. Ich habe Sophie etwas darüber erklärt, wovor ihre Mutter vielleicht Angst hat. Im Grunde haben wir also vor allem daran gearbeitet, Sophie stärker zu machen – und das hat sie selbst wirklich gut gemacht!

LEON

9. »Wer bin ich eigentlich?«

Leon ist 14 Jahre alt. Er kommt aus einer Familie mit drei Kindern, er selbst ist der Jüngste. Sein Bruder John, der jetzt 19 ist, studiert schon außer Haus, seine Schwester Mareike ist 18. Seine Eltern haben einen eigenen Betrieb, einen Käsehof. Sie stehen jede Woche mehrmals mit ihrem Stand auf verschiedenen Märkten. Es ist eine warmherzige Familie, nur sind seine Eltern ständig am Arbeiten und unterwegs. Früher kamen dann Babysitter, meist Schülerinnen oder Schüler aus der Nachbarschaft. In den Ferien blieb Leon oft längere Zeit bei seinen Großeltern. Seitdem John und Mareike in die Sekundarstufe gingen, kam kein Babysitter mehr. Obwohl die drei Kinder sich gut verstehen, hat Leon sich in der Familie immer als Einzelgänger gefühlt.

Schon in der Grundschule fiel auf, dass Leon anders war als die anderen Kinder. Er war sowohl verträumt als auch unruhig, konnte nie lange still sitzen. Seine Lehrerin ließ ihn auf einem Ballkissen sitzen, das half ein bisschen. Leon bekam keine besonders guten Noten. Es fiel seinen Lehrern allerdings auf, dass er ein schneller Denker war. Er griff alles auf, auch wenn es nicht immer den Anschein hatte, dass er überhaupt zuhörte.

Als er acht war, ging es Leon dann ziemlich schlecht. Er ging nicht mehr gerne zur Schule, klagte über Bauchschmerzen und erzählte, dass er sich sehr über die anderen Kinder und manchmal auch über die Lehrerin ärgere. Zunächst machten seine Eltern sich noch keine allzu großen Sorgen. Als die Probleme aber andauerten und Leon auch noch schlecht einschlafen konnte, gingen sie mit ihm zum Hausarzt. Nachdem dieser ziemlich viele Fragen gestellt und sich auch mit der Schule abgestimmt hatte, empfahl er, Kontakt mit der Schulärztin aufzunehmen. Die Jugendärztin, die selbst hochbegabte Kinder hatte, vermutete bei Leon eine Hochbegabung. Sie verwies die Eltern an den Sonderpädagogen des Schulbetreuungsdiensts, mit dem die Schule auch schon gute Erfahrungen gemacht hatte. Dieser testete Leon und stellte fest, dass er tatsächlich hochbegabt war. Für seine Eltern war das sehr überraschend, schließlich hatten sie beide nicht studiert und auch ihre eigenen Eltern hatten keine höhere Schulbildung.

Kein Studium, trotzdem hochbegabt?

Dass jemand nicht studiert und keine höhere Schulbildung genossen hat, sagt noch nichts über seine Intelligenz aus. Häufig haben Hochbegabte Berufe, die gut zu bestimmten typischen Eigenschaften passen und die Möglichkeit bieten, diese auszuleben (starke Autonomie, keine strengen Regeln, Möglichkeit zur Innovation oder zum Ausleben der eigenen Kreativität).

Hochbegabte besitzen in reichem Maße das, was wir als »kognitive Intelligenz« bezeichnen, aber ob ein akademisches Studium erfolgreich abgeschlossen wird, hängt auch von weiteren Faktoren oder Umständen ab, die bestimmen, welcher Weg eingeschlagen und ob dieser Weg erfolgreich sein wird.

Um ein akademisches Studium abzuschließen, wird über eine ausreichende Intelligenz und Motivation hinaus auch eine stimulierende Umgebung (Familie, Schule, Freunde), in der Chancen geboten werden, gebraucht sowie überhaupt die Lernfähigkeiten, die zu dem gewählten Studium passen.

Für manche Fächer muss man sehr viel Faktenstoff auswendig lernen, für andere Fächer geht es eher um Verständnis oder bestimmte Fähigkeiten. Und dann muss man auch noch dazu in der Lage sein, die Prüfungen abzulegen, die zu dem jeweiligen Studium gehören. Beispielsweise haben aber manche Hochbegabte große Schwierigkeiten bei Multiple-Choice-Prüfungen (siehe auch Kapitel 5).

Leons Eltern wollten sich zunächst einmal selbst über die Thematik der Hochbegabung informieren und besorgten sich verschiedene Bücher. Sie suchten auch Kontakt zu einer Hochbegabtenorganisation, hatten aber wegen ihres Betriebs keine Zeit, an den Treffen teilzunehmen.

Sie redeten mit Leon darüber, dass er auf andere Art dachte und lernte als andere Kinder und in der Schule manchmal andere Aufgaben bekommen würde. Die Lehrkraft versuchte, ausgehend von dem, was sie über Hochbegabung wusste, Leon passenden anderen Unterrichtsstoff zu bieten, beispielsweise Arbeitshefte zu Gemeinschaftskunde. Das ging relativ gut, Leon machten solche besonderen Aufgaben viel Spaß. Neben der Schule unternahm Leon allerdings wenig. Er las viel und informierte sich genauestens über alles Mögliche im Internet. Besonders interessierte er sich für Geschichte und sammelte hier zu bestimmten Themen alle verfügbaren Informationen, sogar auf Fragen über die kleinsten Details wusste er dann die richtige Antwort. Seine Eltern versuchten ihn in einen Sportverein zu integrieren, leider ohne Erfolg, er fand dort keinen Anschluss. Dann versuchten sie es mit Musikunterricht. Er nahm an einem Kurs in der Musikschule teil, und dort stellte sich heraus, dass er am liebsten singen wollte. Seine Eltern fanden einen Kinderchor. Obwohl dieser größtenteils aus Mädchen bestand, machte es Leon großen Spaß, besonders wenn er manchmal sogar ein Solo singen durfte.

Als Leon neun war, hatte die Grundschule ihm eigentlich nichts mehr zu bieten. Seine Eltern waren sich unschlüssig, ob es das

Vernünftigste war, ihn schon in die Sekundarschule wechseln zu lassen, und baten erneut den Sonderpädagogen um Rat. Der fand, Leon sei dazu durchaus in der Lage, vorausgesetzt, diese Schule könne ihm eine zusätzliche Betreuung bieten.

Seine Eltern suchten für Leon nun eine Schule, in der man über Wissen über Hochbegabung sowie Erfahrungen in der Betreuung von hochbegabten Schülern verfügte. Das war nicht die Schule, die John und Mareike besuchten, sondern ein altsprachliches Gymnasium in einem anderen Ortsteil. Leon war sehr froh, dass er jetzt aufs Gymnasium gehen durfte – dort würde er endlich wirklich etwas lernen.

Leider lief alles ganz anders. Leon erlebte eine große Enttäuschung, denn der Unterrichtsstoff war viel zu leicht für ihn. Außerdem wurde Leon jetzt gemobbt. Davon erzählte er zu Hause gar nichts. Aber Lisa, eine von Mareikes Sportvereinsfreundinnen, besuchte dieselbe Schule wie Leon, und sie hatte selbst gesehen, wie gemein manche Mitschüler ihn behandelten. Immer wenn es nicht auffiel, wenn kein Lehrer in der Nähe war, wurde er beschimpft – als »Nerd« oder »Streber«. Auch für die Tatsache, dass er in einem Chor sang, wurde er gehänselt. Dies erzählte Lisa Mareikes Mutter. Sie erschrak sehr, verstand jetzt aber auch, warum Leon in letzter Zeit so still war.

Mobbing von Hochbegabten

In Kapitel 7 hatten wir schon beschrieben, welche Spuren Mobbing bei Kindern hinterlässt. Es besteht ein erheblicher Unterschied zwischen Mobbing und Necken. Necken ist harmlos, Mobbing ist gemein. Es führt dazu, dass das Opfer ängstlich wird, sich in der Schule nicht mehr wohl fühlt und sehr unsicher wird. Kinder, die beschimpft, geschubst, erniedrigt oder schikaniert werden, trauen sich oft nicht, dies ihrem Lehrer oder ihren Eltern zu erzählen. Sie schämen sich und haben Angst, es sei ihre eigene Schuld.

Die Mobber denken sich ständig neue Kränkungen aus und glauben, dass dies den Erwachsenen nicht auffällt. Tatsächlich merken es sogar viele Lehrer nicht, wenn in einer Klasse gemobbt wird. Neben den offenen Mobbing-Formen gibt es auch eine andere Form: die Ausgrenzung. Wenn man nicht zu Partys eingeladen wird, auf dem Schulhof nie gebeten wird, mitzuspielen, »geschnitten« wird oder andere Kinder sogar absichtlich so tun, als wäre ein Kind gar nicht anwesend, ist das ebenfalls Mobbing.

Mobbing macht unsicher. Offensichtlich finden die Mobbing-Täter immer wieder die Möglichkeit, ihr Opfer zu verletzen, sodass das Mobbing-Opfer sein Selbstwertgefühl verliert. Je länger Mobbing andauert, desto größer ist der angerichtete Schaden.

Leons Mutter versuchte herauszufinden, was in der Schule los war. Leon selbst wollte darüber nichts erzählen, aber es ging ihm immer schlechter. Er ging nicht mehr zum Chor, schloss sich immer öfter in seinem Zimmer ein. Schließlich erzählte er John an einem Wochenende, was vorgefallen war: Leon hatte vor Kurzem in der Schule bei einem Auftritt gesungen, aber dabei hatte sich seine Stimme plötzlich überschlagen. In der darauffolgenden Woche hatten andere Schüler ihn ständig lächerlich gemacht und ihm mit hoher Fistelstimme nachgeäfft. Einige Jungen liefen sogar neben ihm her, streichelten sanft seine Wangen und flüsterten ihm beleidigende Dinge ins Ohr. John konnte Leon davon überzeugen, dass er selbst etwas unternehmen musste. Zusammen suchten sie Informationen im Internet und fanden heraus, dass Mobbing von Hochbegabten häufig vorkommt. Zu diesem Thema gab es auch gute Tipps im Netz.

Zusammen dachten sie sich aus, welche Möglichkeiten Leon nun hatte:

~ dem Mobber selbst etwas entgegnen
~ in der Schule mit dem Klassenlehrer reden
~ mit einem Psychologen reden
~ die Schule wechseln
~ gar nicht mehr zur Schule gehen

Sie besprachen für jede Möglichkeit, inwiefern sie realistisch und ausführbar war und welche Vor- und Nachteile sie hatte. Leon empfand diese Vorgehensweise als angenehm, weil er so ganz und gar mitdenken konnte. Auf diese Weise wurde auch seine eigene Meinung darüber, was er tun wollte oder könnte, akzeptiert. John gab ihm aber deutlich zu verstehen, dass er sich große Sorgen um Leon machte, und fand, dass schnell etwas geschehen musste.

Leon entschied sich dazu, zunächst einmal selbst den Mobbing-Tätern zu antworten. Dazu brauchte er etwas Zeit und Anregungen, wie er das anpacken könnte. Er fand den Mut, dies während des Abendessens mit seinen Eltern und mit Mareike zu besprechen. So führten sie als Familie mehrere Gespräche, in denen sie gemeinsam überlegten, *was* Leon sagen und *wie* er das tun könnte.

Nach zwei Wochen hatte Leon sich schon ein paar Antwortsätze ausgedacht. Als sein Großvater, den er sehr gern mochte, zu Besuch kam, erzählte er auch ihm alles. Sein Großvater berichtete daraufhin, dass er in der Schule dasselbe erlebt hatte, aber selbst nie den Mut aufbrachte, sich zu wehren. Das habe er immer bereut. Für Leon war dieses Gespräch wirklich hilfreich, aber gleichzeitig war es ein Denkanstoß: Er stellte sich die Frage, ob sein Großvater möglicherweise auch hochbegabt war.

Ist Hochbegabung erblich?

Wir wissen, dass ein hoher IQ tatsächlich zu einem großen Teil erblich ist. Es gibt Hinweise darauf, dass die Intelligenz zu einem etwas größeren Anteil über die Mutter vererbt wird.

Außerdem leben in Familien mit breit gefächerten Interessen und höherem Ausbildungsniveau die Kinder von klein auf in einem Klima, in dem diese Art von Intelligenz normal ist und sie auch die Möglichkeiten erhalten, sie auszuleben. Hochbegabte Kinder aus Familien, in denen dies nicht der Fall ist, haben es oft viel schwerer.

Es gibt Erwachsene, die ihre eigene Hochbegabung erst herausfinden, wenn ihre Kinder oder sogar Enkel getestet werden. Das liegt unter anderem daran, dass heute viel mehr über Hochbegabung bekannt ist als früher.

Leons Liste mit Antworten auf Mobbing-Situationen

- ~ Na, fühlst du dich jetzt besser, wo du alle Schimpfwörter losgeworden bist?
- ~ Mit dem, was du sagst, kann ich nicht viel anfangen. Willst du ein richtiges Gespräch mit mir führen?
- ~ Was du da sagst, macht mich nicht schöner, aber vielleicht tut es dir ja gut?
- ~ Außer dir findet das aber keiner.
- ~ Und, sind das alle deine Freunde?
- ~ Was kannst du doch bloß für einen Blödsinn reden!

So hatte er sich vorbereitet und mit Antworten gewappnet. Und es wirkte! Leon übertraf sich selbst. Seine Antworten führten tatsächlich dazu, dass das Mobbing aufhörte. Seine Mitschüler zeigten ihm sogar Respekt.

In den nächsten Jahren ging es Leon gut. Seine Leistungen waren ziemlich gut, er ging gerne zur Schule und hatte einen guten

Freund, Klaas. Er entschied sich für die Leistungskurse Natur und Technik. Darüber hinaus will er aber noch zusätzliche Fächer belegen.

Wahl des Schulprofils für Hochbegabte

Es gibt kein bestimmtes Fächerprofil, das für Hochbegabte am besten geeignet ist. Genau wie alle anderen Schüler haben auch alle hochbegabten Schüler unterschiedliche Veranlagungen und Interessen.

Schüler, die nicht hochbegabt sind, wählen meistens Fächer aus, in denen sie gut sind. Grundsätzlich können Hochbegabte zwar sehr viel, aber nicht alles passt zu ihnen.

An immer mehr weiterführenden Schulen werden Betreuungsprogramme für hochbegabte Schüler angeboten. Das Buch »Bright minds, poor grades« (Whitley, 2001) bietet praktische Anregungen zur Betreuung von begabten Schülern im weiterführenden Unterricht/Sekundarunterricht, und zwar insbesondere bei Motivationsproblemen (auf die Motivation kommen wir in diesem Kapitel noch zurück).

Kriterien für Bereicherungsprogramme für den Grundschul- oder den weiterführenden Unterricht wurden von der Projektgruppe »Omgaan met verschillen« (Mit Unterschieden umgehen, SLO – Bronkhorst, 2001) untersucht und beschrieben. Diese Programme sollten:

~ die Kreativität herausfordern
~ offene Aufgaben enthalten
~ ein hohes Abstraktionsniveau aufweisen
~ einen hohen Grad der Komplexität aufweisen

- ~ einen Mehrwert gegenüber dem regulären Unterrichtsstoff aufweisen
- ~ eine forschende Haltung stimulieren
- ~ an die Selbstständigkeit des Schülers appellieren
- ~ eine reflektive Haltung herausfordern
- ~ an metakognitive Fähigkeiten appellieren
- ~ zur Interaktion anregen

Leon ist jetzt 15 Jahre alt und geht in die 11. Klasse. Mittlerweile geht es ihm wieder etwas schlechter. Er grübelt häufig über seine Zukunft, vor allem darüber, wer er eigentlich ist. Er weiß einfach nicht mehr, was er tun soll. Seine Leistungen rutschen nun auch schnell ab, was niemand richtig versteht. Es ging doch gerade so gut?

Identität, was ist das?

Identität ist das, was das Selbst ausmacht: das »Wesen«. Wie man sich selbst sieht, wird »Selbstbild« genannt. Beides hängt eng miteinander zusammen. Wir alle haben das Bedürfnis, eine Art von Identität zu spüren, ohne dieses Gefühl fühlen wir uns unsicher. Auch das Selbstvertrauen hängt zu einem großen Teil damit zusammen. Und ein gesundes Selbstvertrauen ist natürlich insbesondere für Jugendliche sehr wichtig, um die vielen Talente zu nutzen und neue Gebiete im Leben zu entdecken.

Ein Kind denkt darüber noch kaum nach. Aber je älter man wird, und besonders in der Pubertät, stellen die meisten Jugendlichen sich die Frage: »Wer bin ich eigentlich?« Das hat mit der Loslösung aus dem Umfeld der Kindheit zu tun. Es wird gewählt, mit wem und mit welcher Gruppe man sich identifizieren und verbunden fühlen will.

Die Identität ist nicht ein einziges Ganzes, sondern sie baut sich aus verschiedenen Teilen auf. Oft hat das mit Gruppen zu tun, denen jemand angehört. Die Nationalität kann einen Teil der eigenen Identität bilden, dasselbe gilt für die Tatsache, ob jemand ein Mann oder eine Frau ist. Für viele Menschen ist auch ihr Studium oder ihr Arbeitsplatz Teil ihrer Identität. Und natürlich tragen auch Rollenmodelle zur Identitätsbildung bei: Menschen, die man bewundert, die ein Vorbild sind, etwa in der eigenen Umgebung, oder berühmte Persönlichkeiten. Manchmal werden Menschen Mitglied in einem Verein oder in anderen Gruppen, auch das kann zum Teil ihrer Identität werden.

Alle diese verschiedenen Teile zusammen bilden die eigene Identität. Gerade in der Pubertät sind Jugendliche damit beschäftigt, diese zu einem Ganzen zusammenzufügen.

Im Laufe der Zeit erleben Menschen viel und verändern sich. Manchmal führt das zu Verlagerungen der Identität. Im Grunde ist man sein ganzes Leben damit beschäftigt, sich selbst zu definieren, und in manchen Lebensphasen verläuft das etwas heftiger.

Wir haben festgestellt, dass Hochbegabte manche Entwicklungsstufen früher als Menschen mit einer durchschnittlichen Intelligenz durchlaufen. Darum stellen sich hochbegabte Jugendliche oft schon sehr jung die Frage: »Wer bin ich?«, das heißt, sie arbeiten manchmal schon viel jünger am Aufbau ihrer Identität. Einige Kinder stellen sich solche Fragen schon ab ihrem fünften oder sechsten Lebensjahr. Darüber können sie dann oft schlecht mit gleichaltrigen Kindern reden, weil diese sich damit noch überhaupt nicht beschäftigen.

Manche Jugendliche sind hauptsächlich darauf ausgerichtet, was andere von ihnen erwarten, beispielsweise wollen sie ihren Eltern und Lehrern eine Freude machen. Sie orientieren sich in ihrem Verhalten vor allem daran, was diese Menschen ihrer Meinung nach gut finden (siehe auch zum Anpassungsverhalten Kapitel 8). Diesen Jugendlichen fällt es sehr schwer, herauszufinden, was sie selbst gern wollen, und darum haben sie auch besondere Probleme mit der Bildung ihrer Identität wie auch damit, Entscheidungen über ihre Zukunft zu treffen.

Man kann auch aktiv die Entscheidungen im Hinblick auf Studium, Arbeit und Hobbys treffen (siehe auch Kapitel 5 über Entscheidungen). Wichtig ist, dass man herausfindet, wo die eigenen Wünsche liegen und wofür man sich wirklich begeistern kann. Manchmal braucht man dabei Hilfe. Im Internet gibt es gute Tests, die dazu genutzt werden können, die aber häufig nicht speziell auf Hochbegabte abgestimmt sind.

Hochbegabte und Drogen

In der Pubertät, auf der Suche nach ihrer Identität, fangen manche Jugendliche auch an, mit Drogen zu experimentieren, die bewusstseinserweiternd oder stark entspannend wirken. Damit sind natürlich sehr große Risiken verbunden und davon ist dringend abzuraten. Nichtsdestotrotz ist dieses Thema für Hochbegabte und deren Eltern relevant.

Wir haben keine wissenschaftlichen Untersuchungen gefunden, aus denen hervorgeht, ob hochbegabte Jugendliche öfter Drogen konsumieren oder im Gegenteil gerade seltener als andere Jugendliche. Wenn Schüler Drogen konsumieren, tun sie das oft, weil sie sich aus irgendeinem Grund nicht wohl in ihrer Haut fühlen. Der Drogenkonsum hat dann einen funktionalen Zweck: Probleme werden verschleiert, wodurch das Leben eine kurze Zeit lang erträglicher scheint.

Dies zeigen auch Lebensgeschichten Hochbegabter, die Drogen konsumiert haben, wie die von Marteen van Buuren, der während seines Studiums hin und wieder LSD und Heroin konsumiert hat. Als er sich mit 51 in einer schweren Depression befand, nahm er einmal Kokain. Danach ging es ihm hundeelend und er fing an, über seinen Drogenkonsum nachzudenken. »Erlösung aus Erstarrung und Isolation«, nennt er als Hauptgrund. Aber der Ausweg, den Drogen bieten, führt letztlich nur zu geistigen und körperlichen Schäden. Als Marteen sich dessen bewusst wurde, fing er an, seine Probleme anders anzugehen. Neben Gesprächen mit einem Psychologen und Antidepressiva macht er heute viel Sport.

Leon stellt sich viele Fragen, ohne darauf aber befriedigende Antworten zu finden. Sein Großvater merkt jetzt, dass es Leon nicht gut geht. Er fragt, ob Leon in den nächsten Ferien nicht eine Woche zu ihm zu Besuch kommen will, dann könnten sie zusammen segeln gehen oder vielleicht mal ein Museum besuchen. Leon, der sich immer noch viel mit Geschichte beschäftigt, findet das eine gute Idee.

Leons Großvater ist Mitglied des örtlichen Geschichtsvereins. Darum freut er sich schon darauf, seinen Enkel, der sich auch sehr für Geschichte interessiert, auf eine »Zeitreise« mitzunehmen. Er weiß aber auch, dass er Leon nicht überfordern sollte, darum lässt er Leon viel Freiheit. Es ist wunderschönes Wetter, sie gehen zusammen auf einem See segeln. So gemeinsam in der Natur kann Leon sich wirklich entspannen. Hier fällt es ihm leicht, seinem Großvater zu erzählen, was ihm alles durch den Kopf geht. Dieser gibt kein Urteil ab, er findet alles, was Leon sagt, sehr interessant und stellt ihm viele offene Fragen. Manchmal erzählt er auch aus seiner eigenen Jugend. Und er merkt, dass Leon gerade das dann wieder sehr interessiert. So wird in dieser Woche viel geredet. Außerdem besuchen sie ein Burgmuseum und schauen sich dort eine Ausstellung an, die sich mit vielen Fragen über den Ursprung des Orts und die Umgebung befasst. Leon fasst jetzt für sich selbst die folgenden Vorsätze:

~ Ich will Geschichte studieren.
~ Ich will wieder singen, vielleicht Gesangsunterricht nehmen.
~ Ich will in den Ferien anderen Jugendlichen begegnen, die genauso wie ich sehr intelligent sind.

Als Leon nach Hause kommt, hat sich seine Stimmung wirklich aufgehellt. Seine Eltern sind darüber sehr froh. Er erzählt ihnen, was er sich alles vorgenommen hat, und sie sind gern dazu bereit, mit ihm mitzudenken und ihn zu unterstützen.

Als Leons nach den Ferien in die vorletzte Klasse geht, werden seine Zensuren gleich besser. Offensichtlich ist er nun viel motivierter, für die Schule zu lernen.

Motivation

Wie lässt sich Motivation erklären?

Wenn jemand dazu motiviert ist, Zeit und Energie in etwas zu investieren, bedeutet das, dass diese Aktivität ihm »etwas bringt«, gewissermaßen eine Belohnung. Meistens geht es dabei nicht um materielle Dinge, zumindest in der Schule, auch wenn das im späteren Leben sehr wohl eine Rolle spielen kann (z. B. mehr Gehalt). Die Motive können entweder hauptsächlich in der Person selbst liegen (intrinsische Motivation) oder in ihrer Umgebung (extrinsische Motivation). Außerdem kann es sich sowohl um positive als auch um weniger positive Motive handeln. Schließlich kann es auch eine Motivation sein, etwas Negatives zu verhindern. In dem folgenden Schema zeigen wir eine Reihe von Motiven, sich für ein bestimmtes Fach – und damit auch für gute Noten – anzustrengen:

	Intrinsisch	Extrinsisch
Positiv	~ Das Fach macht Spaß, interessiert und inspiriert; gutes Gefühl, sich damit zu beschäftigen ~ Herausforderung, viele Themen in diesem Fachgebiet geben wichtige Denkanstöße	~ Das Fach ist später praktisch anwendbar ~ Andere Jugendliche arbeiten auch dafür ~ Unterstützung der Eltern, dieses Fach zu wählen ~ Begeisterter Lehrer, der das Fach gut vermittelt
Negativ	~ Das Fach ist leicht, sodass man gute Noten einfach schafft ~ Erwartung, so mehr Freunde zu finden ~ Bei diesem Lehrer gut dastehen	~ Vermeidung des Konflikts mit den Eltern, die dieses Fach wollen ~ Den Wünschen des Lehrers entsprechen wollen

Es ist bekannt, dass es hochbegabten Kindern schwerfällt, hart für ein Fach zu arbeiten, das sie uninteressant finden oder das in einer Weise unterrichtet wird, die sie nicht anspricht. Dies hat mit der großen Intensität zu tun, mit der Hochbegabte alles aufgreifen, möglicherweise aber auch mit einem anderen Lernstil. Also kann die Art, wie das Fach angeboten wird, entscheidend sein. (Mehr über das Lernen und die verschiedenen Lernstile in Kapitel 10.)

Wer gern für ein bestimmtes Fach lernt, ist intrinsisch motiviert und strengt sich auch gern dafür an. Wenn ein Fach jemanden dagegen überhaupt nicht interessiert, liegt das dann am Fach selbst oder an der Lehrkraft? Im zweiten Fall könnte man mit der Lehrkraft darüber reden und ruhig auch eigene Vorschläge einbringen, etwa ob es die Möglichkeit gibt, eigene Aufgaben zu erledigen. Vielleicht kann man auch in beaufsichtigten Stunden einen Lehrer, mit dem man sich besser versteht als mit dem Fachlehrer, um eine Erklärung bitten oder sich zu diesem Fach Videofilme anschauen oder Webseiten im Internet besuchen. Kurz, man sollte nicht zu schnell aufgeben!

Mathematik ist ja eigentlich voll cool!

Ellen Sinot ist hochbegabt, das wusste sie schon, seitdem sie sieben war (Sinot/Sinot, 2011). Im Gymnasium hatte sie Mathematik einfach nur gehasst. Sie fand das Fach dumm und unnütz. Darum hatte sie immer schlechte Noten, obwohl ihr Lehrer sich sicher war, dass sie es eigentlich konnte. Bis sie an dem Wochenende, an dem ihr Großvater beerdigt wurde, dringend eine Ablenkung brauchte und sich die Aufgaben beschaffte, die befreundete Mitschüler für die Mathematik-Olympiade lösen mussten. Das machte ihr richtig Spaß, denn das war wenigstens schwierig genug. Letzten Endes nahm sie auch selbst an der Mathematik-Olympiade teil und genoss es. Endlich fühlte sie sich nicht mehr unterfordert.

Eine wichtige Rolle bei der Organisation des Mathematikunterrichts für hochbegabte Jugendliche bilden die Erforschung eventueller Lernprobleme, eine didaktische Arbeitsweise, die Rolle des Dozenten und die Ausgestaltung des Lehrplans (Claassen, 2011). Außerdem gibt es – genau wie bei allen anderen Schülern – sehr große Unterschiede zwischen hochbegabten Schülern, deshalb hat ein und dasselbe Konzept für eine ganze Gruppe keinen Zweck.

Flow

Mihály Csíkszentmihályi, ein amerikanisch-ungarischer Psychologe an der Universität Chicago, hat viel über Kreativität geschrieben. Dabei führte er den Begriff »Flow« (Csíkszentmihályi, 2010) ein. Seiner Ansicht nach kann Kreativität nicht nur erforscht werden, indem Einzelpersonen untersucht werden, sondern vielmehr geht es in erster Linie darum, dass eine kreative Person irgendwann auch ein Publikum finden muss, das ihre Ideen annimmt. Ohne diese äußere Anerkennung ist es seiner Meinung nach unmöglich festzustellen, ob jemand kreativ ist. Dazu muss eine kreative Person einen »Flow« erreichen. Dieser »Flow« kennzeichnet sich durch einen geistigen Zustand, in dem man restlos in seiner Tätigkeit aufgeht. Dabei sind auf jeden Fall mehrere der folgenden Elemente anwesend:

~ Verfolgung eines deutlichen Ziels
~ Konzentration und Zielorientierung
~ Verlust des Selbstbewusstseins: völlig in der Tätigkeit aufgehen und sich selbst vergessen
~ Verlust des Zeitbewusstseins: Die Zeit vergeht wie im Flug.
~ ein ausgewogenes Verhältnis zwischen den eigenen Fähigkeiten und der auszuführenden Aktivität: Die Tätigkeiten sind gerade nicht zu schwer, bleiben aber herausfordernd.
~ ein Gefühl der persönlichen Beherrschung der Situation oder Aktivität
~ Die Aktivität ist intrinsisch belohnend: Sie macht Spaß, unabhängig davon, was dabei herauskommt.

Einen Flow zu erreichen macht süchtig: Wenn es einem erst einmal gelungen ist, versteht man genau, was damit gemeint ist.

Wenn dann doch mal etwas schiefgeht, kann der Flow dafür sorgen, dass man besser mit den Fehlschlägen umgehen kann, nicht so leicht aufgibt und ein größeres Durchsetzungsvermögen entwickelt. So kann die bewusste Suche nach dem Flow-Gefühl helfen, sich weiterhin für die Aktivität einzusetzen.

In Stellenanzeigen werden oft »engagierte Mitarbeiter« gesucht. Arbeitgeber selbst sollten eine solche engagierte Arbeitshaltung besonders stimulieren, weil damit dem Burn-out vorgebeugt werden kann. Auf diesem Gebiet wird zurzeit viel geforscht. Wir glauben, dass Hochbegabte ausgesprochen engagierte Arbeitnehmer sind – vorausgesetzt, der Inhalt der Arbeit und die Weise, in der sie ihre Arbeit erledigen dürfen, passen zu ihren Eigenschaften. Eine dieser Eigenschaften ist beispielsweise das ausgeprägte Autonomiestreben, das wir schon bei hochbegabten Kindern und Jugendlichen erkennen. Wie kann ein Jugendlicher damit in der Schule umgehen? Werden die dafür benötigten Freiräume geboten, und kann darüber geredet werden, diese Freiräume zu schaffen?

Autonomie

Im Delphi-Modell (Kapitel 1) hatten wir bereits festgestellt, dass zur Hochbegabung das Merkmal der »Autonomie« passt. Das Wort Autonomie ist zusammengesetzt aus den griechischen Wörtern »autos« (selbst) und »nomos« (Gesetz). Wird von autonomen Menschen gesprochen, so sind Menschen gemeint, die selbst bestimmen, wie sie ihr Leben führen. Solche Menschen lassen sich nicht dadurch beeinflussen, was andere Menschen tun oder von ihnen halten. Man könnte sie auch als unabhängig bezeichnen, und diese Eigenschaft wird im Allgemeinen positiv bewertet.

Autonomie ist hier übrigens keinesfalls so gemeint, dass man sich außerhalb von Recht und Gesetz begibt. Aber autonomen Menschen fällt es manchmal schwer, sich an Regeln zu halten, wenn sie diese Regeln selbst nicht unterschreiben könnten oder gar für sinnlos halten.

Autonomie kann auch zu weit gehen. Wer bei jeder Meinungsverschiedenheit darauf besteht, recht zu haben, kann durch sein Verhalten Probleme bekommen. So stellen wir oft fest, dass stark autonome Hochbegabte am Arbeitsplatz häufig Konflikte haben, auch wenn sie bei Auseinandersetzungen inhaltlich oft recht haben.

Im Rückblick

Experte für Hochbegabung

Es macht richtig Spaß, zuzuschauen, wie zwischen Leon und seinem Großvater eine gleichwertige Beziehung entsteht. Gleichzeitig ist der Großvater für Leon aber auch ein Rollenmodell. Alter und Geschlecht sind unwichtig, wenn eine gute Beziehung zustande kommt. Wir erleben bei Hochbegabten öfter, dass sie sich in einer solchen Beziehung dann angekommen fühlen.

Leon

Viele Menschen in meiner Umgebung haben mich unterstützt und mir weitergeholfen. Aber ich habe immer mehr über mich selbst gelernt. Ich bin mir dessen bewusst, dass ich das alles selbst kann, dass ich es selbst tun muss und dass es niemals fertig ist – es bleiben immer neue Entwicklungs- und Wachstumschancen.

Leons Großvater

Für mich ist es wiedererkennbar, dieses Gefühl von Leon. Meine verstorbene Frau hatte dieses Gefühl auch, sie ist lange auf der Suche nach sich selbst gewesen. Vielleicht finde ich es darum so sinnvoll, eine kurze Wegstrecke mit Leon mitzugehen. Es ist doch schade, wenn man erst so spät merkt, dass andere Menschen dich zu schätzen wissen, dass sie dich mögen, so wie du bist, und dass du das vor allem auch selbst tun musst. Unser Leon ist schon in Ordnung.

10. »Lernen – wie geht das überhaupt?«

Mark ist 14 Jahre alt und geht in die 7. Klasse des Gymnasiums. Zum zweiten Mal, er ist nämlich letztes Jahr sitzen geblieben. Als er drei war, hat er sich selbst das Lesen beigebracht. Damals fand er einfach alles interessant. Als er dann aber die Grundschule besuchte, kam es immer wieder zu Konflikten. Besonders in der 3. Klasse ging dann alles schief. Er saß öfter im Flur als in der Klasse und es wurde vermutet, Mark habe ADHS. Seine Mutter war da anderer Meinung. Sie sah zu Hause ein völlig anderes Kind und konnte die Geschichten, die sie von der Schule hörte, überhaupt nicht nachvollziehen. Seine Eltern beschlossen, Mark testen zu lassen, und wählten dafür eine private Praxis aus. Ihre Vermutung erwies sich als richtig: Er schnitt in allen Teilgebieten dieses Tests überdurchschnittlich gut ab. Zu Hause erzählten sie Mark, was der Test gezeigt hatte. Für ihn selbst bedeutete das nichts, unter dem Begriff »hochbegabt« konnte er sich nichts vorstellen. Seine Mutter verstand es aber, seine Großmutter auch. Mark erinnert sich, dass seine Großmutter, als er kleiner war, mit ihm geredet hatte, als wenn er schon groß wäre. Wenn er jetzt darüber nachdenkt, fragt er sich, ob das etwas damit zu tun hatte. Damals gefiel es ihm gut.

Früherkennung

Manche Entwicklungspsychologen sehen die Entwicklung als einen gleichmäßigen Prozess, andere glauben, dass die Entwicklung oft sprunghaft verläuft. Wenn ein Kind einen Entwicklungssprung durchläuft, kann das vorübergehend sein. Im Vorschulalter behalten manche Kinder einen Vorsprung gegenüber gleichaltrigen Kindern. Unter günstigen Bedingungen (Umfeld, Schule, Familie) kann sich dieser Vorsprung weiterentwickeln. Diese Kinder können wir als »potenziell hochbegabt« bezeichnen. Das Wort »hochbegabt« verwenden wir bei Kindern im Vorschulalter lieber noch nicht. Ein »frühreifes« Kindergartenkind kann alle Entwicklungsstadien schneller oder früher durchlaufen.

Wenn wir uns diese jungen Kinder mit einem Entwicklungsvorsprung anhand des Delphi-Modells (siehe Kapitel 1) anschauen, kommen wir zu der folgenden Beschreibung: Als Erstes fallen ihre große Sprachfertigkeit und ihr reicher Wortschatz auf, danach die Tatsache, wie intensiv sie sich mit Dingen beschäftigen, eine enorme Energie und auch, dass sie schon in so frühem Alter über grundlegende Lebensfragen nachdenken. Außerdem typisch sind das Einfühlungsvermögen (sie können sich gut in die Situation anderer Menschen hineinversetzen) und nicht zuletzt ein geradezu unstillbarer Wissensdurst. Bei selbstgewählten Aktivitäten kann das Kind einen hohen Grad der Aufgabenorientierung und Konzentration zeigen. Das Spiel solcher Kinder ist oft sehr fantasievoll und zeugt von hochgradiger Kreativität. Die Annahme, dass gerade diese frühreifen Kinder aus sozial-emotionaler Sicht eine verzögerte Entwicklung durchlaufen, hat sich als Irrtum erwiesen: Es kommt auch vor, dass sie auf diesem Gebiet ebenfalls einen Entwicklungsvorsprung haben. Ihre Anpassungsfähigkeit in großen Gruppen ist dafür ein gutes Beispiel. Weiterhin fällt dann noch das frühe Interesse für Zahlen und Buchstaben auf und nicht zuletzt: ein gutes Gedächtnis (Gerven, 2002).

Nach dem Test durfte Mark die 4. Klasse überspringen. In der 5. Klasse fand er den Unterrichtsstoff dann wieder interessanter, ganz besonders interessierte er sich für Erdkunde und Geschichte. Mit seinen Eltern besuchte er regelmäßig Museen, und er bereitete sich mit Reiseführern auf die Länder vor, in die sie in Urlaub fuhren. Außerdem las er viele Bücher über ihre Geschichte. Was die anderen Fächer angeht, kann er sich eigentlich nicht daran erinnern, dass er sich jemals anzustrengen brauchte. Meistens saß er hinten in der Klasse und träumte vor sich hin. Obwohl Mark eine Klasse übersprungen hatte, konnte die Schule ihm immer noch kein ausreichendes Angebot bereitstellen. War das Überspringen allein überhaupt ausreichend für Mark, oder muss die Schule neben dem Überspringen von Schulklassen noch an eine Anpassung in der Form von Komprimierung und Anreicherung denken?

Komprimierung und Anreicherung

Manchmal ist der Vorsprung so groß, dass es einfach die beste Lösung ist, eine oder mehrere Klassen zu überspringen (die sogenannte Akzeleration). Es muss aber auch ein Plan für die folgenden Klassen erstellt werden, in denen der Lehrstoff beispielsweise komprimiert angeboten werden kann.

Komprimierung und Anreicherung (»Enrichment«) sind Begriffe, die im Zusammenhang mit dem Unterricht für (hoch)begabte Schüler regelmäßig verwendet werden. Die Komprimierung soll einerseits verhindern, dass Schüler unterfordert sind, sich langweilen und ihre Motivation verlieren. Andererseits wird durch Komprimierung Zeit freigesetzt, die mit anderen Inhalten gefüllt werden kann, und zwar mit Lernstoff, der die intellektuellen Fähigkeiten dieser Schüler stärker anspricht und dafür sorgt, dass sie »lernen zu lernen« (siehe Links im Anhang), und zwar in der Form von »inhaltlich angereicherten« Aufgaben. Mit diesen Anpassungen kann der Schüler erleben, was es bedeutet, dass er nicht alles auf Anhieb richtig kann – und dass er sich anstrengen muss, um eine Aufgabe erfolgreich abzuschließen.

Für manche Schüler ist diese Anpassung nicht ausreichend, sie brauchen besondere Unterstützung im Hinblick auf ihr Lern- und Arbeitsverhalten. Manchmal ist dazu eine externe Betreuung erforderlich. Wir halten es für sehr sinnvoll, dass die Entwicklung der Lern- und Arbeitsfähigkeiten in der Grundschule für alle, aber besonders für die hochbegabten Schüler einen festen Platz im Lehrplan erhält. »Das Lernen erlernen« ist ein recht allgemeiner Begriff. Dabei geht es darum, den Schülern beizubringen, geeignete Arbeits- und Lernstrategien für eine bestimmte Aufgabe zu entwickeln.

In der Grundschule hatte Mark wenige Freunde. Meistens interessierte er sich für Kinder, die in seinen Augen auch Einzelgänger waren. Er merkte, dass er mit diesen Kindern schneller eine Verbindung hatte, sie konnten sich gut ineinander hineinversetzen. So verabredete er sich recht häufig mit einem Mädchen aus der Parallelklasse, das wegen einer Muskelkrankheit im Rollstuhl saß. Er ging oft mit ihr zusammen in die Bücherei. Außerdem spielte er mit dem Nachbarjungen, der eine ASS-Störung hat, regelmäßig »Raindropchess« auf dem Computer (www.raindropchess.de). Anders als mit den Lehrern in den anderen Klassen verstand er sich sehr gut mit der Lehrkraft der 5. Klasse.

Verhalten der Lehrkräfte

Die Lehrkräfte sind sich nicht immer dessen bewusst, wie wichtig die Lehrer-Schüler-Beziehung für die schulische Laufbahn der Schüler ist. Dies gilt natürlich für die Grundschule genauso wie für den weiterführenden Unterricht. Übrigens wird dies von einer Metaanalyse verschiedener Studien bestätigt. Eine verstärkte und systematische Aufmerksamkeit für die affektiven Beziehungen zwischen Lehrkräften und den einzelnen Schülern wirkt sich für beide Beteiligten günstig aus. Die Lernerfolge werden verbessert, weil die Schüler motivierter sind. Außerdem sind über die psychologische Leistungsfähigkeit beziehungsweise das psychologische Wohlbefinden der Lehrkräfte indirekte Effekte zu erwarten (Koomen et al., 2009/10). Weiterhin zeigte diese Analyse, dass Lehrer-Schüler-Beziehungen eine besonders wichtige Rolle für die Motivation und die Leistungsfähigkeit von Schülern der höheren Klassen sowie für Schüler aus einem niedrigeren sozialen/wirtschaftlichen Milieu spielen. Sowohl positive als auch negative Beziehungen mit der Lehrkraft hatten bei Jungen einen stärkeren Effekt auf die Motivation in der Schule, während bei Mädchen ein stärkerer Zusammenhang (von positiven Beziehungen) mit der Leistungsfähigkeit festgestellt wurde.

Ausgehend von der Studie von Koomen et al. empfehlen wir den Lehrkräften im Grundschulunterricht, sich ihres eigenen Verhaltens bewusst zu sein beziehungsweise dies zu lernen. Bei einer negativen oder konfliktbeladenen Beziehung mit einem Schüler muss aktiv eingegriffen werden. Außerdem empfehlen wir Lehrern im Sekundarunterricht, an einer positiven Beziehung mit ihren Schülern zu arbeiten.

Tassel-Baska (2007) nennt außerdem vier unstrittige Mindestanforderungen für jede Lehrkraft, die mit Hochbegabten arbeitet. Eine adäquate Lehrkraft …

- … kann selbst lebenslang lernen, steht offen für neue Erfahrungen und hat Gefühl für den Wert des »Neuen« im Lernen. Sie achtet bei jeder Unterrichtsaktivität besonders auf die Frage: Was können wir hieraus lernen?
- … ist nicht nur fasziniert vom Fach (bzw. einem Teil des Fachs), sondern auch dazu in der Lage, diese Faszination und das zugrunde liegende fachliche Wissen (also Kenntnisse und Fertigkeiten auf hohem Niveau) zu vermitteln.
- … ist auch im Alltag stark auf dem Niveau der höheren Denkfähigkeiten (Analysieren, Synthetisieren und Evaluieren), steht offen für alles, was das Denken herausfordert und weiterbringt.
- … ist dazu in der Lage, bewusst mehrere Ziele gleichzeitig anzustreben (beispielsweise Fachinhalt + Fertigkeiten + zugrunde liegende Voraussetzungen + Metakognition).

Das Unterrichten von Hochbegabten muss immer individuell geschehen – es geht dabei nicht um Gewohnheiten, sondern um Expertenkompetenz. Tassel-Baska weist darauf hin, dass die Schulen mit einem geeigneten Klima für hochbegabte Schüler ausnahmslos über eine Infrastruktur verfügen, in der auch den Lehrkräften die Möglichkeit geboten wird, ihre Fachkenntnisse selbst zu entwickeln. Das Arbeitsklima der Lehrkräfte ist maßgeblich für das der Schülerinnen und Schüler (siehe auch Kompetenz-Matrix aus Gerven et al. 2011).

Mark erzählt über seine heutige Schulzeit (9. Klasse Gymnasium)

Im Allgemeinen fühle ich mich hier wohl, ich habe nur viel Stress, weil ich alles ständig aufschiebe. Manchmal denke ich dann: Ich bin doch so intelligent …, aber inzwischen weiß ich, dass ich doch arbeiten muss. Ich will mich selbst motivieren können, ich glaube, dass ich mich dann besser konzentrieren kann. Aber wie fange ich das am besten an? Manche

Lehrkräfte denken, dass sie das wissen. Meistens wollen sie dann, dass ich es genauso wie andere mache. Das klappt bei mir aber nicht. Ich muss es auf meine eigene Weise tun und selbst herausfinden können, ob es funktioniert. Übrigens sehe ich bei meinem jüngeren Bruder genau dasselbe.

»Aufschieberitis«

Wenn jemand etwas, was er eigentlich tun muss, immer wieder aufschiebt, ist das nicht nur für ihn selbst, sondern auch für die Umgebung ziemlich lästig. Wer seine »Aufschieberitis« kritisch analysiert, sieht oft, dass es um allerlei verschiedene Arten von Argumenten geht. Wenn er zum Beispiel das Schreiben einer verlangten Arbeit immer wieder aufschiebt, könnte er bei einer kritischen Analyse die folgenden Argumente nennen:

- Die Arbeit soll gleich beim ersten Mal perfekt sein.
- Kann ich das überhaupt?
- So viel Mühe, da mache ich lieber etwas anderes.
- Ich verstehe den Auftrag eigentlich nicht richtig, traue mich aber auch nicht, nachzufragen.
- Ich habe schon lange alles im Kopf genau vor mir, ich weiß nur noch nicht, wie ich es aufschreiben muss.
- Ich habe schon so viel darüber gelesen, jetzt habe ich eigentlich schon das Interesse daran verloren.
- Ich werde immer abgelenkt, wenn ich gerade angefangen habe.

Auf dieser Liste sieht man, dass einem viele verschiedene Argumente durch den Kopf schwirren, die also auch unterschiedlich in Angriff genommen werden müssen. Hier stehen neben praktischen Hindernissen auch Annahmen, Überzeugungen und

Ängste. Schutz vor Ablenkung kann beispielsweise ein ruhigerer Arbeitsplatz bieten. Und gegen Perfektionismus hilft, sich vor Augen zu führen, dass nun mal jeder Text häufig überarbeitet und umformuliert werden muss.

Wenn bei Hochbegabten ein Aufschiebeverhalten vorkommt, stellen wir oft eine Kombination von verschiedenen Gedanken und Argumenten fest. Das Aufschiebeverhalten kann auch positiv gesehen werden, beispielsweise, indem es als Sorgfalt bezeichnet wird. Ausschlaggebend ist aber vor allem, ob es vom Hochbegabten selbst oder seiner Umgebung als lästig empfunden wird.

Mark erzählt

Ich glaube auch, dass immer etwas von mir erwartet wird, weil ich hochbegabt bin ... Dadurch fühle ich mich unter Druck gesetzt. Meine Eltern haben diese Schule für mich ausgesucht, weil hier eine gute Betreuung von hochbegabten Schülern geboten wird. Hier habe ich keine Probleme oder Konflikte, aber ich lerne zu wenig. Ich lasse mich zu schnell ablenken, kann mich nie lange auf etwas konzentrieren. Nur in der Klausurwoche, da blieb mir ja nichts anderes übrig. Ein großer Nachteil für mich ist, dass ich immer noch ein »Hintertürchen« sehe: die Nachprüfungen. Ich weiß natürlich, dass man eben zur Schule gehen muss. In der Schule ist es auch gesellig, aber sonst finde ich es nicht besonders interessant. Manche Fächer machen mir Spaß (Erdkunde und Geschichte), aber die meisten nicht (Mathematik, Physik, Chemie).

In meiner Freizeit habe ich mir selbst den Umgang mit Photoshop beigebracht. Dazu lese ich in einem Forum mit. Inzwischen machen viele meiner Freunde das auch. Ich kann mir sehr gut Dinge merken, ich habe ein fotografisches Gedächtnis. Ich kann in Gedanken in einem Buch zurückblättern. Und ich kann auch gut Dinge schöner darstellen, als sie wirklich sind.

Marks Klassenlehrer erzählt

Die Profile von Betts & Neihart sind mir durch meine Spezialisierung auf den Hochbegabtenunterricht natürlich bekannt. Darin habe ich verschiedene Anregungen für die Betreuung gefunden, die für mich und meine Kollegen sehr nützlich sind. Ich finde, dass mehr Möglichkeiten geschaffen werden müssten, innerhalb und außerhalb der Klasse unkonventionelle Lernmöglichkeiten und Lernerfahrungen anzubieten. Für einen Jungen wie Mark ist es sehr wichtig, dass er seine Motivation wiederfindet. Dabei trete ich als sein Coach auf – ich habe einen Coaching-Lehrgang absolviert. Innerhalb des Kollegiums bemühe ich mich darum, dass auch meine Kollegen hier flexibler werden. Wir müssen gemeinsam mit Mark alternative Möglichkeiten suchen. Außerdem ist es für Mark wichtig, dass wir unsere Erwartungen nicht herunterschrauben und auch weiterhin Anforderungen an seine Arbeit stellen. Ich habe mich oft als sein Fürsprecher gefühlt – ich habe sehr regelmäßig für ihn und auch alle anderen hochbegabten Schüler an unserer Schule plädiert. Diese verschiedenen Rollen führten manchmal zu Spannungen. Um Mark konkreter zu zeigen, wo es beim Lernen schiefgeht, habe ich mit ihm die umgekehrte Pyramide der kognitiven Funktionen besprochen. Das war für ihn ein echtes Aha-Erlebnis. Auf verschiedenen Webseiten fand ich Hinweise, wie man das kognitive Lernen fördern kann und welche Fähigkeiten man braucht, damit man effektiv lernen kann.

Lernverhalten – das Lernen erlernen

Häufig wird beschrieben, dass hochbegabte Schülerinnen und Schüler als Erstes erlernen müssen, *wie* man lernt. Der Schüler und sein Betreuer müssen wissen, welche Schritte zu gehen sind, damit man lernen und eine Leistung erbringen kann. Das Lernen und die dadurch erbrachte Leistung müssen in einem ausgewogenen Verhältnis zueinander stehen.

In einigen Publikationen über Hochbegabte kann man lesen, diese würden von »oben nach unten« (Top-down) lernen und nicht von »unten nach oben« (Bottom-up). Die Beschreibungen für diesen Top-down- oder Bottom-up-Lernansatz sind jedoch sehr unterschiedlich. Manche Autoren gehen davon aus, dass jemand, der von oben nach unten lernt, erst die Vertiefung sucht, bevor er an grundlegenden Fähigkeiten arbeitet; andere meinen, Top-down-Lernende wollten sich erst den Gesamtüberblick verschaffen, bevor sie sich mit den Details beschäftigen. Da der Begriff so undeutlich ist, wollen wir ihn lieber nicht benutzen – das wirkt nur verwirrend.

Wir gehen von der Idee aus, dass Menschen auf verschiedene Weise lernen. Wie bei Vermunt beschrieben wird, hat jeder einen oder mehrere bevorzugte Lernstile (Coffield et al., 2004). Aus einer an hochbegabten Erwachsenen durchgeführten Prüfung ging beispielsweise hervor, dass ihr erster bevorzugter Stil das bedeutungsorientierte Lernen war und der zweite bevorzugte Stil das anwendungsorientierte Lernen. Das reproduktionsorientierte Lernen und auch der ungezielte Lernstil schnitten unter hochbegabten Erwachsenen viel schlechter ab (De Ven & Nauta, 2012).

Es folgt ein Überblick über die vier Lernstile von Vermunt in Schlagwörtern:

Elemente	Lernstil			
	ungezielt	**reproduk-tions-orientiert**	**anwen-dungs-orientiert**	**bedeu-tungs-orientiert**
Lernfähig-keit	geringe Verarbei-tung	merken und unter-scheiden	konkret in einer Situa-tion anwen-den können	Zusam-menhänge erkennen und diese kritisch betrachten
Regelung des Lern-prozesses	ungelenkt	externe Lenkung	interne und externe Lenkung	interne Lenkung
bevorzugte Lernmoti-vation	nicht klar auf ein be-stimmtes Ziel aus-gerichtet	ausgerichtet auf Zeug-nis oder Abschluss	ausgerichtet auf Erlernen des Berufs	ausge-richtet auf persönliche Interessen
Lernauf-fassung	hauptsäch-lich extern stimuliert	Lehrstoff aufnehmen, behalten und repro-duzieren können	Lehrstoff im zukünf-tigen Beruf anwenden können	Lehrstoff aufbauen können, immer mehr lernen

Quelle: http://lerenleren.majestic-communications.com/test

Das Lernen ist ein Prozess, bei dem verschiedene Schritte unbedingt nacheinander durchlaufen werden müssen. Hochbegabte Kinder überspringen aber oft einige dieser Schritte beim Lernen. Damit können sie zunächst, vor allem in der Grundschule, sehr weit kommen und auch gute Noten erhalten. Längerfristig geht das aber nicht mehr gut, weil sie sich nie eine Lernstrategie angeeignet haben. Eine solche Strategie kann beim Lernen sehr nützlich sein, weil das Wissen, das aufgenommen und verarbeitet werden muss, immer komplexer wird. Außerdem müssen Prüfungen abgelegt werden, wenn ein bestimmter Abschluss erreicht werden will. In diesen Prüfungen sollen dann oft die einzelnen Lösungsschritte gezeigt werden. Wenn man dazu nicht in der Lage ist, kann man also bestimmte Abschlüsse einfach nicht schaffen.

Mark erzählt weiter

Das Coaching und die Unterstützung von meinem Klassenlehrer haben mir wirklich viel gebracht. Manchmal inspiriert es, wenn die Chance, die man hat, klein ist, das war beispielsweise in der Prüfungswoche so. Darauf habe ich mich jetzt intensiv vorbereitet, weil ich sonst diese Schule verlassen müsste. Ich fühle mich hier nämlich wohl, habe auch ein paar Freunde und will hier nicht weg.

Auch die Unterstützung meiner Eltern war sehr wertvoll. Viele Dinge mache ich genauso wie sie, sie verstehen mich. Wir gehen jeden Sonntag zusammen zur Kirche. Nicht, dass ich selbst so fromm bin, mir geht es mehr um das Gefühl, wenn ich in der Kirche sitze, dann komme ich innerlich zur Ruhe.

Ich weiß, dass es mir sehr am Herzen liegt, anderen Menschen zu helfen, darum überlege ich mir, ob ich Rechtsanwalt werden soll. Aber wenn ich dann darüber nachdenke, was ich jetzt in der Schule lernen muss, kann ich mir kaum vorstellen, dass mir das in Zukunft nützen wird, wenn ich als Anwalt andere Menschen vertrete. Manchmal glaube ich, es liegt daran, dass ich mich selbst nicht dazu bringen kann – ich schiebe immer alles, was ich eigentlich lernen muss, vor mir her. Aber natürlich ist mir auch klar, dass ich ohne Abitur nicht studieren kann. Woher soll ich jetzt bloß die Motivation für die nächsten drei Jahre holen?

Lernstile

Wie schon erwähnt, unterscheidet Vermunt vier Lernstile. Bei der Wahl der richtigen Ausbildung oder des richtigen Studiums ist es wichtig, seinen eigenen Lernstil zu kennen. Das Allerwichtigste sind aber die Weise, wie die Inhalte angeboten werden, sowie die Möglichkeit, Nebenfächer oder Schwerpunktfächer zu wählen. Auf den Webseiten der verschiedenen Universitäten kann man sich ausführlich darüber informieren, wie die Lehre dort strukturiert ist. Beispielsweise gibt es Vorlesungen, Seminare und Praktika beziehungsweise Forschungsarbeit. Und darüber hinaus gibt es natürlich auch noch die Möglichkeit des Fernstudiums, etwa an der Fernuniversität Hagen. Wenn man selbst erkannt hat, welcher Lernstil einem am besten liegt, kann das sehr hilfreich bei der Wahl sein. Wie können zukünftige Studierende am besten herausfinden, was ihr eigener Lernstil ist?

Mark hat im Internet den Lernstil-Test von Vermunt ausgefüllt. So sieht sein Ergebnis aus:

~ ungezielter Lernstil: 8 Punkte
~ reproduktiver Lernstil: 3 Punkte
~ bedeutungsorientierter Lernstil: 16 Punkte
~ anwendungsorientierter Lernstil: 14 Punkte

Daraus geht deutlich hervor, dass Mark am besten bedeutungsorientiert und anwendungsorientiert lernen kann. Wenn er das über sich selbst weiß, kann er sich daran in der nächsten Zeit weiter im Hinblick auf die Auswahl des Studienfachs und den Aufbau des Studiengangs orientieren. Er glaubt, dass seine Motivation für die Schule und schulische Aufgaben dadurch zurückkehren wird.

Vorbereitung auf Fachhochschule oder Universität

Es gibt viel zu überlegen, bevor man an die Universität oder Fachhochschule geht, und das gilt für Hochbegabte besonders. Hier folgt eine Checkliste, welche Argumente sich ein Jugendlicher überlegen muss, bevor er mit dem Studium beginnt:

- ~ Interessen
- ~ Einkommen
- ~ Fahrtzeiten und Erreichbarkeit
- ~ Studienpensum
- ~ soziales Leben
- ~ Wohnsituation
- ~ finanzielle Abhängigkeit

Viele begabte junge Erwachsene machen sich Sorgen um ihre Zukunft; weil sie oft besonders viele Interessen haben, glauben sie, dass jedes dieser Interessengebiete wichtig genug ist für ihren späteren Berufsweg.

Es muss aber zwischen der beruflichen Laufbahn und Hobbys unterschieden werden: Ein Interesse an Biologie und Medizin braucht nicht unbedingt zum Medizinstudium zu führen. Und wer gern ein Instrument spielt, muss nicht unbedingt in der Musik Karriere machen. Schließlich kann man auch in einem Chor singen oder in einer Hobby-Band spielen.

Außerdem kann sich der Inhalt eines Studiums zwar interessant anhören, aber eine erfolgreiche Laufbahn in diesem Berufsfeld vielleicht viel weniger Spaß machen, wobei auch die Arbeitsumgebung enttäuschend sein kann. Vielleicht findet man die Medizin zwar unglaublich interessant, will aber nicht jahrelang studieren, um schlussendlich Arzt zu werden, will nicht die ständige Bereitschaft und den extrem hohen Arbeitsdruck sowie die riesige Verantwortung, die eine Stelle als Arzt mit sich bringt, in Kauf nehmen. Dann könnte es eine bessere Entscheidung sein, Pharmazie oder biomedizinische Wissenschaften zu studieren und später in der pharmazeutischen Industrie oder in der medizinischen Forschung zu arbeiten.

Für den richtigen Beruf und den richtigen Arbeitsplatz muss die eigene Persönlichkeit mit den Anforderungen des Berufs beziehungsweise des Arbeitsfelds abgestimmt werden. Darum ist gut zu überlegen, welche Anforderungen für einen bestimmten Beruf und die verschiedenen Arbeitsumgebungen gestellt werden. Wer eher introvertiert ist, will wahrscheinlich lieber keine Stelle, in der er intensiv mit anderen Menschen zusammenarbeiten muss. Ist die eigene Persönlichkeit dagegen eher extrovertiert, passt natürlich ein Beruf, in dem man die meiste Zeit allein arbeitet, schlecht. Um zu vermeiden, dass viel Zeit und Energie in eine Ausbildung oder ein Studium investiert werden, mit dem man später nichts anfangen kann, muss man sich überlegen, ob die eigene Persönlichkeit zu den Anforderungen des jeweiligen Berufs passt. Ein Coach oder Berater kann dabei behilflich sein.

Viele Universitäten bieten die Möglichkeit, an einem Schnupperstudium teilzunehmen (siehe Links im Anhang).

Mark hat sich fest vorgenommen, das Abitur zu machen, die Schule wird ihn darin auch unterstützen. Mark und sein Klassenlehrer, der ihn coacht, führen ein Gespräch darüber, an welchen Zielen Mark arbeiten will. Diese werden in einem persönlichen Entwicklungsplan festgelegt. Welche Maßnahmen und Hilfestellungen dabei erforderlich sind und innerhalb welcher Zeit Mark diese Ziele erreicht haben will, wird ebenfalls festgelegt. Weil er gern gut argumentieren lernen will, beteiligt er sich auch am Debattierclub seiner Schule, in dem sich die Teilnehmenden auf Debattierwettbewerbe vorbereiten. Mark hat das Gefühl, auf dem richtigen Weg zu sein. Es wurde ihm dabei geholfen, diesen Weg zu finden, aber er hat sich auch selbst auf den Weg gemacht.

Im Rückblick

Mark

Ich habe mit ziemlich kleinen Schritten angefangen: der Planung im Terminkalender und dem Aufholen von Rückständen in den betreuten Freistunden, die an meiner Schule organisiert werden. Dadurch bekam ich wirklich das Gefühl, wieder strukturierter zu arbeiten und mehr Überblick zu bekommen. Dann habe ich meine Arbeit kontrollieren lassen und alle zwei Wochen zusammen mit meinem Coach besprochen, welche Fortschritte ich gemacht hatte. Darum glaube ich, dass ich jetzt alles besser im Griff habe. Ich kann es zwar noch nicht ganz allein – aber immer besser ...

Marks Klassenlehrer und Coach

Es war wirklich eine Herausforderung, Mark zu betreuen. Ich muss ehrlich zugeben, dass ich manchmal Zweifel hatte. Vor allem seine Selbsterkenntnis hat Mark weitergeholfen, und außerdem natürlich die Struktur und die Rahmenbedingungen, die wir für ihn geschaffen haben. Nicht zu vergessen der Debattierclub der Schule, in dem er sich immer besser ausdrücken kann. Demnächst finden regionale Debattierwettbewerbe statt. Ich bin schon gespannt, wie unsere Schule dort abschneiden wird – und welche Rolle Mark dabei spielen wird.

Marks Eltern

Eine Zeit lang hatten wir das Gefühl, dass wir Mark auf ganzer Linie im Stich ließen, aber wir wussten auch nicht, wie wir ihm besser helfen konnten. Indem wir mit dem Klassenlehrer Kontakt hielten, wurden wir auf dem Laufenden gehalten. Aber es wurde schon bald deutlich, dass Mark selbst aktiv werden musste, wenn er in der Schule bleiben und an seiner Persönlichkeit und an seinem Verhalten arbeiten wollte. Zum Glück hat er rechtzeitig alles in den Griff bekommen.

11. »Erklärst du mir, was du meinst?«

Xavier ist jetzt 15 Jahre alt. Weil er recht einfache tägliche Dinge, wie zum Beispiel eine Schleife binden oder Schulaufgaben machen, nicht bewältigen konnte, fand vor fünf Jahren eine Untersuchung statt. Dabei wurden auch gleichzeitig die intellektuellen Fähigkeiten untersucht. Dabei wurde das Asperger-Syndrom diagnostiziert. Außerdem lag vor allem sein verbaler Intelligenzquotient sehr hoch.

Selbst denkt Xavier nicht so oft über seine Begabung nach. Ganz einfache Dinge sind für ihn manchmal sehr schwer, er nennt sich selbst dann einen »zerstreuten Professor«. Xavier hat ein sehr großes Interesse an tiefschürfenden Themen, im Grunde denkt er den ganzen Tag nach. Er glaubt, dass er darum nicht so viele Freunde hat: Sie verstehen seine Interessen nicht, und er findet, dass sie meistens ziemlich oberflächlich denken. Selbst ist ihm seine eigene Neugier manchmal lästig. Weil er so vieles nachschlägt, lernt er sehr viel – auch über Dinge, für die er eigentlich noch zu jung ist, Dinge, die er noch gar nicht wissen will.

Das Asperger-Syndrom

Das Asperger-Syndrom wird den Autismus-Spektrum-Störungen (ASS) zugeordnet. Es ist benannt nach dem Kinderarzt Hans Asperger, der in seiner Praxis Kinder beschrieb, die schlechte nonverbale Kommunikationsfähigkeiten hatten, wenig Empathie mit ihren Altersgenossen zeigten und physisch sehr ungeschickt waren. Im DSM-5 (Diagnostic and Statistical Manual of Mental Disorders) entfiel 2013 Asperger als Diagnose.

Die meisten Menschen mit einer ASS-Störung haben eine niedrigere Intelligenz. Es ist noch nicht deutlich, ob das Asperger-Syndrom sich überschneidet mit dem sogenannten hochfunktionalen Autismus. Diskutiert wird auch, ob das Asperger-Syndrom wirklich in das Autismus-Spektrum gehört.

Manche Verfasser meinen, dass Hochbegabte, bei denen die verbale und die performale Begabung sehr weit auseinanderliegen (sog. Verbal-Performal-Diskrepanz), auch Merkmale des Autismus-Spektrums aufweisen. Andere sind der Ansicht, dass Hochbegabte, die als Kind Kommunikationsprobleme hatten, sich allmählich ein Verhalten angeeignet haben, das autistisch erscheint.

Wenn wir letztere Ansicht teilen, bedeutet dies, dass in der Betreuung zunächst einmal besonders auf die Hochbegabung eingegangen werden sollte. Laut Experten auf diesem Gebiet verschwindet das autismusähnliche Verhalten bei adäquater Betreuung von Hochbegabten.

Zur Frage, ob es sich dabei dann um Fehldiagnosen oder Doppeldiagnosen handelt, muss wohl noch sehr viel Forschungsarbeit geleistet werden. Die Diagnostik in Bezug auf ASS ist recht schwierig, die bestehenden Diagnostik-Tests für Autismus sind nämlich ungeeignet für Hochbegabte (und auch nicht für Erwachsene bestimmt). In diesem Bereich herrscht ein großer Mangel an gesicherten wissenschaftlichen Erkenntnissen, es gibt auch mit Sicherheit eine Grauzone (Burger-Veltmeijer, 2007, 2016).

Für Hochbegabte, die auch Autismus-Merkmale aufweisen, ist es sehr wichtig, dass ihr Leben übersichtlich und vorhersehbar verläuft. Sie brauchen oft spezialisierte Hilfe, die aber schwierig zu finden ist.

Xavier konnte schon mit drei Jahren lesen. Er las viel und gern, beispielsweise Bücher über Philosophie und das Weltall. Zu seinen Lieblingsbüchern gehörte »Durch Raum und Zeit mit Onkel Albert« (Stannard, 1994), das sich mit der Relativitätstheorie, Atomkernen, Elektronen und der Quantentheorie befasst. Von der Grundschule erinnert Xavier vor allem, dass er wenige Kontakte mit seinen Mitschülern hatte, sie verstanden ihn einfach nicht. Er hatte ganz andere Interessen und dachte intensiv über Dinge nach, die für andere ganz alltäglich waren. Seine umfassende Allgemeinbildung war für ihn selbst völlig normal. Er wunderte sich oft, dass andere Kinder für ihn ganz selbstverständliche Dinge nicht wussten. In den Pausen war er am liebsten allein, weil er sich unter den anderen manchmal unwohl fühlte.

Genau wie fünf andere Schüler, die in der Grundschule als (hoch)begabt mit einer ASS-Störung eingestuft wurden, beschrieb Xavier, dass er sich oft einsam und ausgegrenzt fühlte. Diese Einsamkeit kann mit den Effekten von Autismus und/oder der Hochbegabung zu tun haben, es kann sich aber auch um eine Reaktion der Umgebung auf diese Effekte handeln. Alle diese Schüler wurden mit negativen Reaktionen konfrontiert, wenn sie über neue Entdeckungen und ihr Interesse an nicht alltäglichen Themen erzählten. Aber genau wie andere Kinder sagte Xavier, dass er das Bedürfnis habe, Freundschaften zu schließen und »dazuzugehören«.

Soziale Entwicklung

Im Hinblick auf das Sozialverhalten werden bei Kindern mit ASS sowie bei Kindern, mit einer Kombination von Hochbegabung und ASS, übereinstimmende Merkmale beschrieben (Burger-Veltmeier, 2016):

- ~ kein Interesse für die Gedanken und Gefühle anderer Menschen
- ~ egozentrisch
- ~ dominant in Gesprächen
- ~ ununterbrochen Fragen stellend
- ~ soziale Ausgrenzung
- ~ Einsamkeit
- ~ keine Freunde
- ~ Neigung zu zurückgezogenem Verhalten

Die ASS-Störung wird bei hochbegabten Kindern oft erst spät bemerkt, weil sie ihre Defizite durch ihre intellektuellen Fähigkeiten kompensieren. Die Ursache der eventuellen sozialen Ausgrenzung wird dann in ihrer Hochbegabung gesucht. Daraus folgt, dass insbesondere im Schulunterricht der sorgfältigen Beobachtung von Schülern mehr Aufmerksamkeit gewidmet werden sollte. Die Diagnostik muss dann von einem Experten ausgeführt werden, der sich auf diesem Gebiet gründlich auskennt, etwa einem Sonderpädagogen oder Psychologen.

Konkrete Hilfe

Wenn bei einem Schüler eine ASS-Störung diagnostiziert wurde, kann es für ihn selbst und andere sehr hilfreich sein, in der Klasse/im Kurs darüber etwas zu erzählen. Natürlich ist das nicht einfach. Wir haben aber aus Erfahrungsberichten gehört, dass Lehrkräfte, Betreuer und Mitschüler dann mehr Verständnis für den Betreffenden aufbringen. Im Folgenden einige konkrete Vorschläge.

Tipps zu Verbesserung der Kommunikation

- Nachfragen, was der Gesprächspartner gemeint hat, wenn das nicht deutlich geworden ist. Evtl. auch nachfragen, was der andere von einem erwartet.
- In Situationen wie Schule oder Arbeit: Nachfragen, welche Regeln und Abmachungen gelten. Das bietet Halt und Struktur.
- Immer berücksichtigen, dass Menschen unterschiedlich sind, unterschiedlich denken (und manchmal auch langsamer als man selbst) und in vergleichbaren Situationen unterschiedlich reagieren können.

Tipps für Freundschaften und freundschaftliche Beziehungen

- Auf die Suche nach Gleichgesinnten gehen, die die eigenen Interessen teilen. So werden Kontakte tiefer. Gegebenenfalls vorher eine bestimmte Aktivität verabreden.
- Besteht das Bedürfnis, einen Moment allein zu sein, die anderen Menschen darauf hinweisen.
- Einen Gesprächspartner anschauen oder das Gesicht in die Richtung der angesprochenen Person wenden.

- Genau beachten, wann Menschen über bestimmte Themen reden. Ein Beispiel: In der Kantine des Hockey-Vereins redet man über Hockey und nicht über die Geschwindigkeit des Balls bis hin zu sämtlichen physikalischen Aspekten, die dessen Geschwindigkeit bestimmen.

Während der Vormittags- und der Mittagspause suchte Xavier am Rand des Schulhofs nach Insekten. Manchmal stellte er auch Signalkegel auf und zählte, wie viel Runden er in einer Viertelstunde um die Kegel rennen konnte.

Xavier war der Ansicht, dass er ziemlich gut Fußball spielen konnte, spielte aber in den Pausen auf dem Schulhof nie mit, denn er wurde nicht zum Mitspielen aufgefordert. Er glaubt, dass das daran lag, dass er intelligenter war als andere. Die Kinder führten auch einige seiner Asperger-Merkmale als Grund an. Beispielsweise sagten sie, dass er »so komisch lief«. Xavier setzte sich damit auseinander: Er schaute sich auf YouTube Filme an, um herauszufinden, wie er anders laufen könnte. Er war auch sehr gut im Lösen von Rätseln, und sein absolutes Lieblingsfach war Rechnen. Während dieser Zeit ließen seine Eltern nach Rücksprache mit der Schule die erwähnten diagnostischen Untersuchungen ausführen. In Bezug auf die ASS-Störung wurde ihnen von der Autismus-Beratungsstelle Beratung und Betreuung geboten.

Weil die Lehrkraft der 5. Klasse keinen Bereicherungsstoff für Xavier hatte, wurde ein externer Experte um Rat gebeten: die Betreuerin der örtlichen Hochbegabten-Klasse. In Klasse 5 und 6 durfte Xavier nach der Anmeldung durch seine Lehrkräfte an der schulübergreifenden Hochbegabten-Klasse teilnehmen.

Hochbegabten-Klassen

Eine Hochbegabten-Klasse ist ein Betreuungsangebot für Kinder mit einem Entwicklungsvorsprung und/oder hochbegabte Kinder. Wie viel Zeit die Schülerinnen und Schüler dort verbringen, ist unterschiedlich; das können einige Stunden bis hin zu mehreren Tagen pro Woche sein. Das Angebot kann sowohl innerhalb der eigenen Schule als auch schulübergreifend organisiert sein. Auch Inhalt und Lehrplan unterscheiden sich häufig sehr.

In der HB-Klasse arbeitete Xavier weiter an seinem Vorhaben zur Erforschung des Insektenverhaltens. Er baute eine raffinierte Insektenfalle für daheim im Garten, beobachtete die gefangenen Insekten und nahm sie mit in die HB-Klasse. Dort gab es ein Mikroskop, das mit dem Computer verbunden werden konnte. Damit konnte er von den vielen Käfern und anderen »Krabbeltieren« Fotos und Filme machen. Als er in seiner eigenen Klasse war, erzählte er dann einmal über eine andere Weise, wie er Insekten fangen konnte: mit einem Insektensauger. Darüber mussten die anderen Kinder sehr lachen. Das machte Xavier zutiefst unglücklich und auch wütend. Mit seinem Betreuer besprach er, dass er wahrscheinlich empfindlicher reagierte als andere Schüler, also wohl eher »zart besaitet« ist. Manchmal wäre er gern stärker, um sich nicht so leicht von Dingen aus der Bahn werfen zu lassen, die im Grunde unwichtig sind. Aber weil er so viel analysiert und nachdenkt, so meint er, ist er auch viel ängstlicher – er sieht Situationen als bedrohlich, die es meist nicht sind.

Xavier denkt manchmal unglaublich tief über Dinge nach wie schwarze Löcher, das enorme Weltall, das menschliche Bewusstsein, gibt es ein Leben nach dem Tod, wie soll es jetzt mit der Welt weitergehen, was wird genau unter Liebe verstanden … Warum er all das überhaupt wissen will, weiß er aber nicht.

Einmal beschäftigte er sich in der HB-Klasse mit dem Periodensystem, schlug in der Formelsammlung alles Mögliche über verschiedene Elemente nach, die in der Natur nicht vorkommen, und dachte sich dann ein neues Element aus, das dann natürlich mit dem Buchstaben X begann.

Xavier hält die Wissenschaft, etwa die Forschungsarbeit zu neuen Medikamenten, für unglaublich wichtig. Noch wichtiger ist ihm aber die Natur, über die er sagt, dass sie ihn ganz besonders wegen der verschiedenen Systeme interessiert, durch die sie im Gleichgewicht gehalten wird.

In der Sekundarstufe ist Xavier vor allem sehr gut in Englisch, Physik und Biologie. In der Klasse läuft es einigermaßen gut, obwohl er nicht so richtig mit den Hänseleien mancher Mitschüler umgehen kann. Darüber ist zwar oft gesprochen worden, aber die Situation hat sich dadurch nicht verbessert, ganz im Gegenteil. Es wurde so schlimm, dass die Schule nach Rücksprache mit seinen Eltern beschlossen hat, dass er in der kurzen Zeit bis zu den Sommerferien nur noch zu den Klassenarbeiten in die Schule zu kommen brauchte und die restliche Zeit zu Hause verbringen durfte. Er lernte den Unterrichtsstoff zu Hause und arbeitete weiter an der Programmierung eines Spiels, das er in Zukunft verkaufen möchte. Alles macht er selbst: Abbildungen, Musik, Handlungsgeschichte. Aber wenn er anderen darüber erzählen will, wenn ihm etwas besonders gut gelungen ist, merkt er, dass fast niemand zuhört.

Computerspiele

Viele Jugendliche, auch mit Autismus, beschäftigen sich gern mit Technologie, Computern und Computerspielen, sowohl dem eigentlichen Spielen als auch dem Entwerfen solcher Spiele. Eine von mehreren möglichen Erklärungen für dieses spezielle Interesse könnte darin liegen, dass ihnen das Spielen von Computerspielen besonders viel Spaß macht. Was in einem solchen Spiel passiert, ist nämlich relativ vorhersehbar und deutlich. Außerdem befolgt der Computer natürlich normalerweise genau die Anweisungen, die der Benutzer erteilt. In der echten Welt ist alles viel komplexer.

Wie Untersuchungen zeigen, reichen die positiven Auswirkungen des Spielens von Computer-Games bei Kindern mit Autismus über den reinen Spaß am Spielen hinaus. Eltern berichteten von ihren Erfahrungen, dass das Spielen von Computer-Games zeitweise half, die Folgen des Autismus auf das Wohlbefinden oder die Entwicklung ihres Kinds positiv zu beeinflussen. Es wäre fantastisch, wenn Computerspiele bewusst als Hilfsmittel eingesetzt werden könnten, um:

~ dem Kind die Bewältigung des Alltags zu erleichtern,
~ die positive Entwicklung des Kindes zu stimulieren.

Manche Eltern machten die Erfahrung, dass das »Gaming« die Kinder beruhigt, obwohl das aufgrund der vielen bunten und bewegenden Bilder vielleicht widersprüchlich erscheint: Während des Spielens kann sich der Jugendlich eine kurze Zeit völlig von seiner Umgebung abschließen.

Nach dem ersten Jahr der Sekundarstufe freute Xavier sich schon sehr auf das nächste Schuljahr, er ging dann nämlich nicht mehr in dieselbe Klasse wie seine Mobber. Dadurch konnte er sich viel besser auf seine Arbeit in der Klasse konzentrieren. Darüber war er sehr froh, denn er träumt davon, später eine gute Stellung als Programmierer zu finden. Daheim fühlte er sich von seinen Eltern verstanden. Xavier rechnet durchaus damit, dass es hin und wieder Probleme mit Mitschülern oder auch mit Freunden geben wird, er glaubt, dass manche seine Hochbegabung einfach nicht akzeptieren.

Im Rückblick

Xaviers Eltern

Als bei unserem Sohn die Diagnose ASS in Kombination mit Hochbegabung gestellt wurde, dauerte es einige Zeit, bis wir alle Puzzlestückchen richtig eingeordnet hatten. Wir haben uns mit beiden Gebieten intensiv beschäftigt. Für uns ist es nicht das Wichtigste, ob Xavier in der Schule Leistungen zeigt, die seinen Talenten entsprechen. Wir versuchen, ihm ein Vorbild zu sein, und lassen ihn an vielen Aktivitäten, die uns selbst Spaß machen, teilnehmen, wobei wir auch unsere Neugier zum Ausdruck bringen. Wir sind begeistert, zeigen Zusammenhänge und den Prozess auf und sagen auch klar, wie viel Mühe und Ausdauer es kosten wird, ein bestimmtes Ziel zu erreichen.

Außerdem versuchen wir, auf seine Interessen einzugehen, das haben wir auch schon getan, als er noch ganz klein war. Wir haben ihm früher einmal ein Buch geschenkt mit Sternbildern darin und Erklärungen dazu: »Zwilling, Stier und Großer Bär – Sternbilder erkennen auf den ersten Blick.« Das gefiel Xavier sehr. Wir sprechen auch gern mit ihm über aktuelle Meldungen aus der Zeitung oder den Nachrichten und besuchen oft Ausstellungen, die etwas mit den Themen zu tun haben, die in der Schule behandelt werden.

Betreuer der Hochbegabten-Klasse

Xavier hat sich wirklich Mühe gegeben, mit anderen zusammenzuarbeiten. Außerdem spielte er auch in der Pause aktiv mit den anderen Schülern Fußball. Der Betreuer der Autismus-Beratung hat der Klasse einen Besuch abgestattet, um den Unterschied zur Situation in der regulären Klasse mitzuerleben. Natürlich ist hier alles anders: An unserer HB-Klasse nehmen nur zehn Kinder mit zwei Betreuern teil. Außerdem haben viele Kinder in der HB-Klasse das Gefühl, »anders« zu sein, dadurch unterstützen sie sich gegenseitig.

Für Xavier war es eine tolle Erfahrung, dass er aufgrund seiner Ideen und Einsatzbereitschaft in ein Team gewählt wurde. Dabei versuchte er, die Freiräume der anderen Team-Mitglieder zu respektieren. Am auffälligsten war wohl seine enorme Faktenkenntnis, insbesondere über das Weltall. Ich erinnere mich aber auch an sein hervorragendes Gedächtnis und seine Fähigkeit, bestehende Kenntnisse mit neuen Informationen in Verbindung zu bringen. Nur verliert er sich manchmal in den Details, wodurch er die Arbeit, die er geplant hatte, nicht immer rechtzeitig schafft. Als ich darüber beim Abholen kurz mit seiner Mutter sprach, äußerte er sofort seinen Unmut: »Ich mag das wirklich gar nicht, wenn ihr über mich redet, wenn ich dabei bin.« Daraufhin haben wir – auch auf Bitte von Xavier selbst – ein Gespräch in der Schule organisiert, an dem er selbst, die Lehrkraft und seine Mutter teilnahmen. Er konnte sehr gut zuhören und trug konstruktive Ideen bei, wie man etwas anders in Angriff nehmen könnte, auch in der eigenen Klasse. Das war ein wirklich erwachsenes Verhalten. Xavier hatte eine gute Zeit in der HB-Klasse, die auch für die Betreuer sehr lehrreich war.

Xavier

Man könnte glauben, dass ich vor allem mit anderen Menschen mit demselben IQ umgehe, aber das stimmt überhaupt nicht. Mein bester Freund Rick geht auf eine Hauptschule, aber wir verstehen uns wirklich super und treffen uns alle vierzehn Tage. Dann erstellen wir auf dem Computer Labyrinthe, denken uns neue Spielelemente aus oder versuchen, zusammen schwierige Spiele zu Ende zu spielen.

Ich finde es wichtig, über meine Karriere nachzudenken und an meiner Persönlichkeit zu arbeiten. Indem ich lerne, mich zu behaupten, wenn ich gemobbt werden, ohne mir alles gefallen zu lassen oder wütend oder traurig zu werden. Eigentlich lasse ich dann die Bemerkungen gar nicht zu mir durchdringen. Ich lese viele Geschichtsbücher und Bücher über Astronomie. Daraus kann ich auch alle Details reproduzieren, weiß aber nicht, ob das jetzt durch meine Hochbegabung oder durch das Asperger-Syndrom kommt. Außerdem habe ich mir selbst aus Büchern das Programmieren und das Blindschreiben beigebracht.

Ich fange jetzt auch an, mich für Mädchen zu interessieren, aber wie komme ich an eine Freundin? Ich habe mal im Internet nach Mädchen gesucht, die mein Interesse für Mathematik teilen.

Von den Betreuern von der Autismus-Beratung habe ich viel über mich selbst gelernt. Das möchte ich anderen Kindern (ob sie nun hochbegabt oder autistisch sind oder nicht, ist, glaube ich, egal) auch gern mitgeben: Deine Möglichkeiten kennst du erst, wenn du dich selbst kennst!

Literatur

Andreasen, N. C. (2005): *The Creative Brain. The Science of Genius.* London: Penguin Books

Aron, E. N. (2005): *Sind Sie hochsensibel? Wie Sie Ihre Empfindsamkeit erkennen, verstehen und nutzen.* München: MVG

Aron, E. N. (2008): *Das hochsensible Kind. Wie Sie auf die besonderen Schwächen und Bedürfnisse Ihres Kindes eingehen.* München: MVG

Beckman, Th. (2000): *Wonderkinderen.* Den Bosch: Malmberg

Betts, G. T. / Neihart, M. (1988): »Profiles of the Gifted and Talented«, in: *Gifted Child Quarterly* 32 (2), S. 248–253

Bosch, I. (2011): *Der Schlüssel zur inneren Heilung. Bewusst leben mit PRI.* Berlin: Allegria

Bruin-de Boer, A. de / Gerven, E. van (2009): »Vriendschappen en sociale relaties«, in: Gerven, E. van (Hg.): *Handboek Hoogbegaafdheid.* Assen: Van Gorcum

Burger-Veltmeijer, A. E. J. (2007): »Gifted or autistic? The ›grey zone‹«, in: K. Tirri / M. Ubani (Hg.): *Policies and Programs in Gifted Education.* Helsinki: University of Helsinki

Burger-Veltmeijer, A. E. J. (2016): *Students with (Suspicion of) IG + ASD: A Study Aimed at Understanding the Phenomenon Intellectual Giftedness in Co-Occurrence with Autism Spectrum Disorder in Relation to (Needs-Based) Assessment.* Groningen University (PhD Thesis)

Buuren, M. van (2008): *Kikker gaat fietsen.* Rotterdam: Lemniscaat

Claassen, S. (2011): *Wiskunde voor hoogbegaafde leerlingen in de onderbouw van het vwo. Onderzoek in het kader van 1e graads lerarenopleiding UvA*, in opdracht van SG Huizermaat te Huizen

Coffield, F. / Moseley, D., Hall, E. / Ecclestone, K. (2004): *Learning Styles and Pedagogy in Post-16 Learning: A Systematic and Critical Review.* London: LSRC Report

Croft, L. J. (2003): *Handbook of Gifted Education.* Needham Heights: Allyn & Bacon

Csíkszentmihályi, M. (2010): *Flow – der Weg zum Glück. Der Entdecker des Flow-Prinzips erklärt seine Lebensphilosophie.* Freiburg/Br.: Herder

Dalrymple, Th. (2003): *Life at the Bottom.* Lanham: Ivan R. Dee

Dawson, P. / Guare, R. (2011): *Schlau, aber … Kindern helfen, ihre Fähigkeiten zu entwickeln durch Stärkung der Exekutivfunktionen. Mit praktischen Tipps und Übungen.* Göttingen: Hogrefe

Dehue T. (2008): *De depressie-epidemie.* Amsterdam: Augustus

De Ven, R. van / Nauta, N. (2012): »Preferred learning styles of gifted adults«, http://www.ihbv.nl/english

Dijkstra, P. / Barelds, D. P. H. / Groothof, H. A. K. / Ronner, S. / Nauta, A. P. (2012): »Partner Preferences of the Intellectually Gifted«, in: *Marriage & Family Review* 48 (1), S. 96–108

Dijkstra, P. / Barelds, D. P. H. / Ronner, S. / Nauta, A. P. (2016): »The Intimate Relationships of the Intellectually Gifted: Attachment Style, Conflict Style and Relationship Satisfaction Among Members of the Mensa Society«, in: *Marriage & Family Review Online*

Dowling, C. (1989). *Perfekte Frauen. Die Flucht in die Selbstdarstellung.* Frankfurt/M: S. Fischer

Drent, S. / Gerven, E. van (2009): *Professioneel omgaan met hoogbegaafde leerlingen in het basisonderwijs.* Assen: Van Gorcum. (Teachercoaching), S. 146–148

Dweck., C. (2009): *Selbstbild. Wie unser Denken Erfolge oder Niederlagen bewirkt.* München: Piper

Ekman, P. (1999): »Basic Emotions« (Kap. 3), in: Dalgleish, T. / Power M. (Hg.): *Handbook of Cognition and Emotion.* Hoboken: John Wiley & Sons

Essen, T. van / Schouwenburg, H.: *Doe het vandaag! Stap voor stap je uitstelgedrag te lijf.* Tielt: Lannoo

Förstl, H. (2006): *Theory of Mind. Neurobiologie und Psychologie sozialen Verhaltens.* Heidelberg: Springer

Freeman, J. (2010): *Gifted Lives.* London / New York: Routledge

Freud, A. (1984): *Das Ich und die Abwehrmechanismen.* Frankfurt/M.: S. Fischer

Gerven, E. van. (2002): *Zicht op hoogbegaafdheid: handboek voor leerkrachten in het basisonderwijs.* Assen: Van Gorcum

Gerven, E. van / Hoogenberg-Engbers, I. (2011): *Begaafd begeleiden.* Assen: Van Gorcum

Gust-Brey, K. / Cross, T. L. (1999): »An Examination of the Literature Base on the Suicide Behaviors of Gifted Students«, in: *Roeper Review* 22, S. 28–35

Hoogeveen, L. / van Hell, J. G. / Verhoeven, L. (2003): *Young, Accelerated, Students in Secondary School.* Katholieke Universiteit Nijmegen: Centrum voor Begaafdheidsonderzoek (CBO), http://www.ru.nl/fsw/cbo/onderzoek-0/vm-onderzoek/brochures/

Kerr, B. A. / Cohn, S. J. (2001): *Smart Boys. Talent, Manhood, and the Search for Meaning.* Tucson: Great Potential Press

Kohlberg, L. (1996): *Die Psychologie der Moralentwicklung.* Frankfurt/M.: Suhrkamp

Kooijman-van Thiel, M. (Hg.) (2008): *Hoogbegaafd. Dat zie je zó! Over zelfbeeld en imago van hoogbegaafden.* Ede: OYA Productions

Koomen, H. / Spilt, J. / Roorda, D. / Oort, F. / Thijs, J. (2009/10): *Leraar leerlingrelaties, schools leren van leerlingen en welbevinden van leraren. Onderzoeksrapportreviewstudie in opdracht van de Programmaraad voor het Onderwijsonderzoek*

Lehman, E. B. / Erdwins, C. J. (1981): »The Social and Emotional Adjustment of Young, Intellectually Gifted Children«, in: *Gifted Child Quartely* 25 (3), S. 134–137

Meer, B. van der (2002): *Kinderen en pesten, wat volwassenen ervan moeten weten en eraan kunnen doen.* Utrecht: Lifetime

Mijland, E. (2011): *Gamen en autisme.* Amersfoort: De Vrije Uitgevers

Miller, A. (1979): *Das Drama des begabten Kindes.* Frankfurt/M.: Suhrkamp (Neufassung 1994)

Moerman, M. / Nauta, A. P. (2013): »Giftedness and sleep«, http://ihbv.nl/international/english/publications/

Mönks, F. / Ypenburg, I. (2011): *Hoogbegaafdheid bij kinderen.* Amsterdam: Boom

Nauta, N. / Ronner, S. (2008): »Ik kan niet kiezen! De verwarring van hoogbegaafden bij multiple choice tentamenvragen«, in: *Mensa Berichte*, April 2008, S. 24–26

Nauta, N. / Ronner, S. (2016): *Gifted workers, hitting the target*. Utrecht: Big Business Publishers

Nauta, N. / Ronner, S. / Brasseur, D. (2012): »What are Good Supervisors for Gifted Employees?«, http://www.ihbv.nl/english

Nauta, N. / Ronner, S. / Groeneveld, B. (2009): »The Importance of Decision Making. A Gifted Case Report«, in: *Gifted and Talented International* 24 (2), Dez. 2009, S. 121–130

Neihart, M. (2010): *Profiles of the Gifted: A Research Based Approach*, http://talentstimuleren.nl/thema/stimulerend-signaleren/videos/89-profiles-of-the-gifted-a-research-based-approach

Nieuwenbroek, A. (1999): *Kinder vor Überforderung schützen*. München: Goldmann

Ofman, D. (2005): *Qualität und Inspiration. Zugangswege zur Kreativität*. Köln: Verlag für Wissenschaft und Kultur

Ofman, D. (2009). *Hallo, ich da ..?! Entdecke deine Kernqualiäten mit dem Kernquadrat*. Boren OT Kiesby: deBoom

Pfeifer, S. (2002): *Der sensible Mensch. Leben zwischen Begabung und Verletzlichkeit*. Witten: SCM Hänssler

Popov, L. (2014): *Wege zur Charakterbildung. Tugenden und Lebensqualitäten für Kinder und Jugendliche*. Jenbach: Shira Publishing

Popov, L. K. / Popov, D. / Kavelin, J. (1997): *The Family Virtues Guide Simple Ways to Bring Out the Best in Our Children and Ourselves*. New York: Penguin Plume

Preckel, F. / Vock, M. (2013): *Hochbegabung. Ein Lehrbuch zu Grundlagen, Diagnostik und Fördermöglichkeiten*. Göttingen: Hogrefe

Rey, H. A. (1952): *The Stars. A New Way to See Them*. New York: HMH Books

Russo, J. E. / Schoemaker, P. J. H. (2002): *Winning Decisions*. New York: Currency

Schwartz, B. (2009): *The Paradox of Choices*. New York: Harper Collins (überarbeitete Auflage)

Seligman, M. (1979): *Erlernte Hilflosigkeit*. München / Wien / Baltimore: Urban und Schwarzenberg

Sinot, J. / Sinot, E. (2011): *IQ te koop*. Arnhem: Terra

Stannard, R. (1994): *Durch Raum und Zeit mit Onkel Albert*. Frankfurt/M.: S. Fischer

Sternberg, R. (2007): *Wisdom, Intelligence and Creativity Synthesized*. Cambridge: University Press

Strauch, B. (2014): *Warum sie so seltsam sind. Gehirnentwicklung bei Teenagern*. München: Piper

Swaab, D. (2013): *Wir sind unser Gehirn. Wie wir denken, leiden, lieben*. München: Knaur

Tassel-Baska, J. van / Brown, E. (2007): »Towards best practice: An analysis of the efficacy of curriculum models in gifted education«, in: *Gifted Child Quarterly* 51, S. 342–358

Tellegen, T. (1999): *De genezing van de krekel*. Amsterdam: Querido

Verplaetse, J. (2011): *Der moralische Instinkt: Über den natürlichen Ursprung unserer Moral*. Göttingen: Vandenhoeck & Ruprecht

Webb, J.T., u.a. (2015): *Doppeldiagnosen und Fehldiagnosen bei Hochbegabung*. Bern: Huber

Webb, J.T., u.a. (2012): *Hochbegabte Kinder. Das große Handbuch für Eltern*. Bern: Huber

Whitley, M.D. (2001): *Bright Minds, Poor Grades*. New York: Penguin Putnam

Willings, D. (1985): »The Specific Needs of Adults Who Are Gifted«, in: *Roeper Review: A Journal on Gifted Education*, Vol. 8 (1), Sept. 1985, S. 35–38

Links

Angst

https://www.angst-panik-hilfe.de/angst-zu-versagen-behandlung.html

http://forum.schicksal-hochbegabung.de/index.php, www.forum.klugekinder.at

http://20312.foren.mysnip.de

http://www.panikattacken.eu/versagensangst.htm (Versagensangst)

Allgemeine Informationen und Plattformen

http://www.hochbegabten-homepage.de/literatur.html

http://www.dghk.de

http://www.logios.de (Forum dazu: http://20312.foren.mysnip.de)

https://www.mensa.de, http://www.mensa.at/ (globale Interessenvertretung von hochintelligenten Menschen)

http://www.triplenine.org (Organisation von Menschen im höchsten IQ-Segment)

Asperger-Syndrom und Autismus

http://aha-blogging.blogspot.de

Basisemotionen (Ekman)

http://www.paulekman.com/wp-content/uploads/2009/02/Basic-motions.pdf

Beruf und Karriere

http://giftedkids.about.com/od/giftedadolescents/p/career_choice.htm

http://www.abi.de/index.htm?zg=schueler

Braingym und Edukinesiologie

http://www.methode.de/dm/gt/dmgt002.htm

http://www.pranaki.de/artikel_bg.htm

Burn-out

http://www.hilfe-bei-burnout.de

Coping-Strategien

http://www.pflegewiki.de/wiki/Coping#Adaptive_und_maladaptive_Copingstrategien

Depression

http://www.buendnis-depression.de/depression/kinder-und-jugendliche.php

Förderung allgemein

http://www.hochbegabten-homepage.de/hochbegabtenfoerderung_kinder.html

https://www.km.bayern.de/schueler/lernen/hochbegabung.html

Förderung in der Schule

http://www.netzwerk-akzeleration.de/uploads/Heinbokel%20Akzeleration%20oder%20Enrichment.pdf

http://www.hochbegabten-homepage.de/hochbegabtenfoerderung_kinder.html

https://www.km.bayern.de/schueler/lernen/hochbegabung.html

https://www.uni-wuerzburg.de/sonstiges/meldungen/single/artikel/gute-noten-2/ (Studie zu Hochbegabten-Klassen)

Hochsensibilität

http://www.hochsensibel.org

http://www.zartbesaitet.net (Test)

Homosexualität

http://www.lsvd.de (Lesben- und Schwulenverband)

http://www.hs-verein.de (Homosexuelle Selbsthilfe e. V.)

http://www.lambda-online.de (Jugendnetzwerk Lambda e. V.)

http://www.coming-out-day.de (Coming Out Day e. V.)

http://www.planetromeo.com (Dating-Platform)

Intelligenz

http://www.123test.de/interpretation-eines-iq-testergebnisses/

http://www.123test.de/iq-werte-und-unterschiede/

Kernqualitäten

http://kernquadrat.de/das-kernquadrat

Kinesiologie

http://www.dgak.de

http://ikl-kinesiologie.de

Legasthenie

https://www.legasthenie-coaching.de/legasthenie-und-hochbegabung/

http://www.legasthenie-info.de/hilfsmittel.html

http://www.legakids.net/eltern-lehrer/kinder-mit-lrs/

http://www.reineckerprolexia.de/home/

Lernschwierigkeiten

http://ww3.unipark.de/uc/Selbsttest_Prokrastination/ospe.php?SES=b1fe9f24b54672edcdff6983392f658b&syid=547911&sid=547912&act=start&js=16&flash=2500 (Selbsttest zu Prokrastination)

Lernstile und Lernstrategien

http://lerenleren.majestic-communications.com/test/ (Nur auf Niederländisch)

Selbsttest Lernstile nach Kolb:

https://www.springest.de/bildung-lehre/lehrfahigkeiten/lernstile-test-kolb

http://www.voelgyfy.com/docs/Lernstile_Kolb.pdf

Selbsttest Lernstile nach Honey-Mumfort:

http://till.schnupp.net/honey-mumfort/

http://www.gertrud-kamper.de/pdf-dateien/WennLesenUndSchreiben .../ lernstrategien.pdf

http://www.virginie-puschmann.de/lernen/kinder-und-jugendliche-ads-adhs-teilleistungs-oder-psychische-stoerungen-hochbegabung.html

http://www-dsz.service.rug.nl/los/INFO/Tests.htm

Mädchen und Frauen

www.gifteddevelopment.com/PDF_files/I'm%20Not%20Gifted.pdf

http://www.aboutourkids.org/articles/gifted_girls_many_gifted_girls_few_eminent_women_why (Englisch)

Mindmaps

http://www.chip.de/downloads/FreeMind_30513656.html

http://www.xmind.net/de/

Mobbing

http://www.schueler-gegen-mobbing.de/mobbing-in-der-schule/

http://www.familie.de/kind/tipps-gegen-mobbing-fuer-eltern-und-kinder-512117.html

http://www.familienhandbuch.de/babys-kinder/entwicklung/jugendliche/herausforderung/Mobbing.php

http://www.sicher-stark-team.de/mobbing.cfm

Persönliche Werte

http://www.zollondz-kommunikation.de/messbares-wertemanagement/gratis-wertetest/

Schlafprobleme

https://www.palverlag.de/schlafstoerung-test.html http://www.praxisvita.de/node/13815/take/308ed64fffd8b85d43c333e13aee0c1f

https://www.uni-bielefeld.de/psychologie/ambulanz/_stoerungen/schlafstoerung.html

http://www.onmeda.de/selbsttests/selbsttest_schlafstoerungen.html (Test für Schlafprobleme)

Studium

https://www.hochschulkompass.de/home.html

http://www.was-studiere-ich.de (Selbsttest zur Studienorientierung)